Wer wird reich an der Börse?

Heilige Kühe 3

Heikin Ashi Trader

DAO PRESS
Ormidia, Larnaca
An imprint of Splendid Island

Published in Ormidia, Larnaca, Cyprus
Paperback ISBN: 978-9925-7677-7-9
Ebook ISBN: 978-9925-7677-6-2

Published by Dao Press
ein Imprint von Splendid Island, Ltd.
Scanbox 05927
Ehrenbergstrasse 16a
10245 Berlin – Deutschland

1.Auflage 2020

Inhaltsverzeichnis

Kapitel 1: Wie du mit der Naivität der Anleger Geld machst

Eine bekannte Börsenweisheit besagt: Gibt es einen Goldrausch, dann solltest du nicht in diejenigen investieren, die nach Gold graben. Investiere lieber in diejenigen, die den Goldgräbern Schaufeln und Spitzhacken verkaufen.

Das Bild von den Schaufeln und Spitzhacken stammt aus der Zeit des kalifornischen Goldrauschs von 1848 bis 1854. Hunderttausende suchten damals ihr Glück als Goldgräber in Kalifornien. Nur die wenigsten wurden wirklich reich. Aber wer sicher vermögend wurde, waren die Schaufelverkäufer.

In diesem Buch möchte ich nachgehen, wer *heute* die Schaufelverkäufer an der Börse sind. Denn eines ist sicher: Egal wie die Börse läuft, ob sie hoch steht oder tief, ob die Aktien steigen oder fallen, jene, die Schaufeln verkaufen, verdienen immer. Willkommen in der Welt der gerissenen Börsenbriefschreiber, der Crashpropheten, der windigen Marketeers und der schlauen Broker.

Bevor du also mit dem Gedanken spielst, als Anleger oder Trader an der Börse ein Vermögen zu verdienen oder gar reich zu werden, solltest du dir die Frage stellen, ob es nicht Alternativen gibt. Anders gesagt: Du solltest dir die Frage stellen, ob es für dich nicht besser wäre, statt *an* der Börse reich zu werden, *mit* der Börse reich zu werden.

Ich möchte dir in diesem Buch einen Einblick verschaffen in die Welt und die Geschäftsmodelle der Schaufelverkäufer. Ich beabsichtige damit keine Sensationen zu veröffentlichen, denn diese Sachen sind im Grunde genommen bekannt. Außerdem ist jedes Geschäftsmodell, das ich hier präsentiere, legal. Es geht also nicht um die Abzocker oder irgendwelche windige Geschäftemacherei. Ich berichte hier über die Dienstleistungsindustrie, die sich mit der Zeit um die Börse herum gebildet hat und mit der manche Leute nun mal prächtig verdienen. Ich möchte lediglich ein Steinchen zur Transparenz an der Börse beitragen. Und vielleicht wird der eine oder andere Leser etwas nachdenklich werden, wenn er die Tatsachen, die hier beschrieben stehen, zur Kenntnis nimmt.

Auch ich bin eines Tages als Neuling an die Börse gegangen, mittlerweile vor mehr als zwanzig Jahren. Auch ich wurde zunächst zum *Schlachtvieh* derjenigen, die schon längst wussten, wo der Hase lang läuft. Man muss bedenken, dass das Internet zur damaligen Zeit noch in seinen Kinderschuhen stand.

Die meisten Informationen, die heute frei zur Verfügung stehen, waren zur damaligen Zeit in gar keiner Weise verfügbar. Mit den Börsenbüchern war es nicht anders. Die „Börsen-Literatur" aus der Zeit stammte allenfalls aus den siebziger und achtziger Jahren des vergangenen Jahrhunderts. Niemand war vorbereitet auf das, was durch die Einführung des Internets auf uns zukommen würde.

Aber trotz aller Erneuerung und aller scheinbarer Transparenz ist eines gleich geblieben: Die Naivität der Anleger und der Trader und die Schlitzohrigkeit derjenigen, die sich der Naivität der Anleger und Trader zu Nutze machen. Dieses Prinzip gilt zu allen Zeiten. Und wenn ich einigen Leser ein wenig von ihrer Naivität bezüglich der Börsenindustrie nehmen kann, dann wäre mit diesem Buch schon viel erreicht.

Wer bin ich? Ich bin ein Trader, der vor zwanzig Jahren mit genau der gleichen Naivität an die Sache herangetreten ist. Ich bin aber in die Welt der Börse hineingewachsen und habe immer mehr über dasjenige, was sich hinter dem Vorhang abspielt, dazugelernt, nicht zuletzt deshalb, weil ich selber eine Zeit lang auf der Seite der Schaufelverkäufer gestanden bin. Einige der Geschäftsmodelle, die ich hier präsentieren werde, kenne ich in und auswendig.

Es geht mir also gar nicht darum, die Leute, die in diesem Bereich tätig sind, schlecht zu reden. Manche dieser Schaufelverkäufer kommen sogar als recht biedere Herren daher und sie haben nur das Beste mit dir vor: Nämlich, dass du gut informiert bist. Und was ist schon gegen gute Informationen einzuwenden? Mit manchen von ihnen bin ich sogar befreundet, ich hätte also gar keinen Grund, ihnen das Geschäft zu vermiesen. Und ehrlich gesagt wäre ich dazu auch gar nicht in der Lage, egal wie scharf meine Pistolen schießen würden. Denn das Prinzip *Naivität* des Anlegers und *Schlitzohrigkeit* des Schaufelverkäufers gab es schon immer. Dies gibt es auch heute und wird es in Zukunft weiterhin geben. In den nächsten Kapiteln möchte ich den Leser mitnehmen in die Welt derjenigen, die mit der Naivität der Anleger Geld verdienen.

Kapitel 2: Wie du mit der Feder deine Brötchen verdienst

Eine Möglichkeit, um Geld *mit* der Börse statt *an* der Börse zu verdienen, ist, wenn du Finanzjournalist wirst. Das ist vielleicht eine Option, auf die man zunächst nicht kommen würde. Es gibt im Börsenuniversum viel mehr Finanzjournalisten als man zunächst vermuten würde. Schließlich müssen die ganzen Börsen-Informationen von irgendjemandem geschrieben werden. Deswegen würde ich für die Leute, die für die Börsenindustrie schreiben, den Begriff *Finanzjournalist* nutzen wollen. Andere mögen von Financial-Writer oder Börsenschreiber reden, auf den Begriff kommt es nicht an, zumal der Beruf nicht geschützt ist. Das heißt: Jeder darf sich Finanzjournalist oder Börsenautor nennen, wenn er sich dazu befähigt fühlt.

Geld wirst du damit nur dann verdienen, wenn du auch etwas zu sagen hast. Das bedeutet, dass du entweder selber ausreichend Erfahrung im Börsenhandel hast und/oder über Spezialkenntnisse verfügst. Eine Note eins in Deutsch ist also nicht ausreichend.

Gerade Spezialkenntnisse in irgendeinem Nischengebiet können den Anfang einer erfolgreichen Journalistenkarriere bedeuten. Sieh es einfach so: Allgemeinwissen ist heute nichts mehr wert. Jeder kann durch eine einfache Internetsuche Allgemeinwissen aufrufen. Was früher erst durch aufwändige Recherche gesammelt werden konnte, steht heute jedem, der über einen Computer verfügt, zur Verfügung.

Und mit Tricksen kommst du auch nicht weit. Deine Leser finden es früher oder später heraus, wenn du irgendeinen Content sammelst und ein bisschen umformulierst. Dadurch entsteht noch kein interessanter Text.

Du solltest als Finanzjournalist also durchaus in der Lage sein, auf einer informativen oder unterhaltsamen Weise über die Börse zu berichten. Oft wird von dir erwartet, dass du über die aktuellen Entwicklungen an den Aktienmärkten schreibst. Was geschieht gerade am Devisenmarkt? Wie sieht es an den Rohstoffmärkten aus? Bist du in der Lage, einen interessanten Artikel über diese Themen zu verfassen, stehen deine Chancen nicht schlecht.

Natürlich geht es nicht darum, dass du das Rad neu erfinden sollst. Denn auch im Bereich Börse und Trading geht es letztlich immer wieder um die gleichen Themen. In meinen Augen unterscheidet sich der gute Finanzjournalist gerade dadurch, dass er in der Lage ist, auf Einzelheiten hinzuweisen, die andere übersehen haben. Es kann ein

Detail sein. Es könnte ein Aspekt sein, der in den anderen Medien vielleicht etwas unterbeleuchtet ist. Egal wie oder was du schreibst, es soll irgendwie das Interesse des Lesers wecken.

Und wer sind deine Leser als Finanzjournalist? Das sind natürlich die Trader und die Börsianer selbst. Also alle Leute, die sich breitgefasst für Börsenthemen interessieren. Wer sind nun die Finanzjournalisten? Was sind das für Leute? Nach meiner Erfahrung kommen sie aus allen möglichen Ecken oder Berufen. Aber irgendwie haben sie alle etwas gemein: Sie verfügen über ein Wissen oder eine Erfahrung mit der Börse im weitesten Sinne oder sie erarbeiten es sich. Sei es, dass sie sich auf Technische Analyse spezialisiert haben (davon gibt es mittlerweile sehr viele), sei es dass sie sich mehr für die Fundamentalanalyse von Unternehmen oder Aktien interessieren. Obwohl ich wenig Erfahrung im letztgenannten Bereich habe, wurde ich einmal von einem Verlag gefragt, ob ich nicht Interesse hätte, Aktien für sie zu analysieren. Ich musste mir die Zahlen von börsennotierten Aktien an der Nasdaq anschauen und sie so aufbereiten, damit der Verlag Kaufempfehlungen an ihre Leser weitergeben konnte. Ich habe es einige Wochen gemacht, spürte aber bald, dass das nicht mein Ding war. Also habe ich es sein lassen. Außerdem war die Bezahlung nicht gerade berauschend.

Ein wirtschaftliches Studium ist für diese Art von Tätigkeit sicher nicht von Nachteil, aber auch nicht unbedingt notwendig. Ich habe kein Diplom in dem Bereich und man hat mich trotzdem genommen. Außerdem waren die Kollegen im Team nett. Wenn ich eine Frage hatte, konnte ich jemanden anrufen.

Es könnte auch sein, dass du über Spezialwissen über ein bestimmtes Segment des Aktienmarktes verfügst. Vielleicht bist du derjenige, der alles über Gold und Silberminen weißt. Dann wirst du deine Leser natürlich in diesem Bereich suchen und finden müssen. Ich kenne jemanden, der sich seit Jahren mit Pennystocks befasst. Er ist ein echter Pennystock-Fan, er weiß alles über die Aktien, die weniger als einen Dollar oder einen Euro wert sind. Auch dafür gibt es ein Publikum. Und natürlich gibt es immer wieder genügend Nachfrage für Leute, die Interessantes über die Devisenmärkte oder Kryptomärkte zu berichten haben. Deine Kunden wirst du dann eher im Bereich Forexbroker oder Kryptobörsen suchen müssen. Schau dir die spezialisierten Webseiten an, die sich mit diesen Märkten beschäftigen. Irgendwo wirst du eine Redaktions-Adresse finden. Es kann sich immer lohnen, dort mal anzurufen oder eine E-Mail zu schreiben. Vielleicht suchen sie gerade Autoren.

Vielleicht kennst du dich mit Fonds oder mit ETFs aus? Vielleicht bist du ein Indexspezialist? Oder du bist derjenige, der alles über Dividendenaktien weiß. Auch dafür gibt es ein Publikum und auch mit diesen Inhalten lässt sich durchaus Geld machen.

Die Kunden für deine Artikel oder deinen Content sind leicht zu finden. Stelle dir einfach die Frage: Was liest du selber? Bist du ein Leser einer der vielen Wirtschaftszeitungen in Deutschland? Beziehst du oder kaufst du regelmäßig ein Börsenmagazin? Besuchst du regelmäßig spezialisierte Webseiten, die sich mit der Börse beschäftigen? Schau einfach hin auf das, was du selber liest und wofür du dich interessierst und versuche dann, diese Medien von der Business-Seite zu betrachten. Alle diese Medien sind Unternehmen. Irgendjemand hat mal mit dem Blatt oder mit der Webseite angefangen. Erscheint das Magazin regelmäßig (unter Umständen wöchentlich), dann braucht es permanent neue Inhalte für seine Leser. Diese Inhalte werden natürlich von Börsenjournalisten oder Finanzjournalisten erstellt.

Und wenn du an der Börse aktiv bist, hast du womöglich einen Broker. Bist du mit dem Content-Hunger mancher Broker vertraut?

Von alleine kommen die nicht auf dich zu, es sei denn, du hast bereits eine Geschäftsbeziehung zu ihnen. Wenn du über irgendeinen Bereich schreiben willst, dann kann es sich lohnen, einige Broker anzurufen und zu fragen, ob sie bestimmte Artikel brauchen. Natürlich solltest du dich vorher ein wenig mit den Produkten, die der Broker anbietet, beschäftigt haben. Mit welchen Finanzinstrumenten kann man bei diesem Broker handeln? Worauf ist er spezialisiert? Womit macht er gerade Werbung?

Wenn du als Börsenjournalist deinen Lebensunterhalt verdienen willst (und das ist durchaus möglich), dann wirst du lernen müssen, auf das Impressum von Webseiten zu schauen und herausfinden müssen, wer die Leute sind, die diese oder jene Seite betreiben. Das gleiche gilt natürlich auch für Zeitungen und Magazine. Irgendwo wirst du im Kleingedruckten das Impressum finden. Darin findest du die Telefonnummer oder E-Mail-Adressen, die dich zu den richtigen Personen führen können. Heißt das, dass du damit gleich erfolgreich sein wirst? Natürlich nicht! Gerade die bekannteren Blätter wie „der Aktionär" oder „Börse

Online" oder „Focus Money" haben schon ihre Leute. Ich würde es aber trotzdem versuchen, wenn du etwas Interessantes zu erzählen hast.

Wenn du das Kapitel über die Börsenmagazine liest, wirst du sehen, dass dahinter meist Unternehmer stecken. Und die denken eben unternehmerisch.

Es müssen aber nicht gleich die bekannten Blätter sein. Oftmals gibt es Medien, von denen du vielleicht noch nicht mal gehört hast, aber die durchaus für neue Schreibtalente offenstehen. Und es ist wie immer: Wenn du zehn Leute anschreibst, wirst du zehn verschiedene Antworten bekommen. Möglicherweise bekommst du nur fünf Antworten. Und von den fünf anderen hörst du nie etwas. Das muss aber noch nicht das Ende deiner Journalistenkarriere bedeuten. Es kann einfach sein, dass die Person, die deine Mail bekommen hat, in der Woche gerade etwas überbeschäftigt war. Er hat deine Mail gelöscht oder deinen Anruf negiert. Nichts hält dich davon ab, es in einem halben Jahr nochmals zu versuchen. Man muss einfach wissen, dass du, wenn du etwas Interessantes zu erzählen hast, bei einem Börsianer immer ein offenes Ohr finden wirst. Wenn du jemanden zum Telefon bekommst, erzähle ihm etwas, was er vielleicht noch nicht weiß. Das sind Leute wie du und ich. Die sind neugierig. Die wollen wissen, was in der Welt abgeht.

Börsenverlage, von denen es im deutschsprachigen Raum nicht wenige gibt, suchen ständig Content. Und wie gesagt, auch Broker suchen ständig Artikel über Trading und Börse. Mit etwas Recherche im Internet wirst du schnell fündig.

Kannst du reich werden als Börsenjournalist?

Antwort: Nein. Zumindest gilt das für die meisten. Es gibt aber natürlich Ausnahmen. Wenn du in dem Bereich richtig Geld verdienen willst, solltest du schon selber irgendeine Zeitschrift oder ein Börsenblatt ins Leben rufen. Lies darüber mal die Kapitel über die Börsenbriefe und die Börsenmagazine.

Was verdient denn so ein Börsenjournalist? Das kommt ganz darauf an. Und ehrlich gesagt, es kommt auch vor allem auf dein Verhandlungsgeschick an. Verkauf dich also nicht zu billig. Wenn du einen guten Artikel von 500 bis 1.000 Wörtern geschrieben hast, sollten es schon 100 € sein, finde ich. Die Frage ist natürlich, wie viele Stunden du gebraucht hast, um diesen Artikel zu verfassen. Sind es mehrere, kommt man schnell auf einen Stundensatz, der unter 20 € liegt. Bei sehr bekannten und spezialisierten Blättern kann dieser Satz durchaus höher liegen. Du kommst erst dann in den Genuss der besser bezahlten Journalistenjobs, wenn du dir schon einen Namen gemacht hast.

Irgendwie solltest du bewiesen haben, dass du schreiben kannst.

Wenn du selber kein Börsenblatt starten willst, gibt es durchaus Alternativen, wie du dein Wissen zu Geld machen kannst. Du könntest zum Beispiel eine Art Agentur für Börsencontent aufziehen. Es ist nicht mal die schlechteste Geschäftsidee. Ich kenne Leute, die genau das gemacht haben. Wenn du gut und fleißig bist, wirst du damit mit der Zeit durchaus deinen Lebensunterhalt verdienen können. Es gibt natürlich Methoden, den Umsatz dergestalt zu steigern, dass du viel mehr Content kreierst als normalerweise möglich wäre. Deine Agentur wäre dann sozusagen eine Art von Content-Schmiede für die Börse. Und niemand sagt, dass du diesen Content selber schreiben musst. Es ist durchaus legitim, mit anderen Autoren oder Journalisten zusammenzuarbeiten und ihnen bestimmte Aufträge zu erteilen, die du selber nicht erledigen kannst oder willst.

Du könntest auch mit Ghostwritern zusammenarbeiten, um diesen Content herzustellen. Das machen Zeitschriften und Zeitungen doch auch. Wenn die Nachfrage so groß wird, dass du es selber nicht mehr bewältigen kannst, dann ist vielleicht die Zeit gekommen, diesen Schritt zu machen.

Kaufst du Artikel ein, solltest du natürlich auf die Qualität der Texte achtgeben. Denn am Ende wird es die Qualität deines Contents sein, die darüber entscheidet, ob du auch in Zukunft von deinen Kunden Aufträge bekommst. Ich denke, das spricht für sich. Gerade wenn du anfängst, mit Ghostwritern zu arbeiten, solltest du sie erst mal kleinere Aufgaben erledigen lassen. Da wird sich dann schnell die Spreu vom Weizen trennen.

Wo findet man diese Autoren? Es gibt genügend spezialisierte Webseiten, wo man Freelance-Autoren finden kann. Schau mal bei freelancer.com oder upwork.com vorbei. Allein mit diesen beiden Seiten verfügst du über einen Pool von Tausenden von Autoren und Ghostwritern aus der ganzen Welt. Je nachdem, wie gut du mit deinen Kunden verhandelt hast, lassen sich durch das Outsourcen von Texten durchaus Margen von bis zu 50 % erreichen.

Die Content-Schmiede ist vielleicht kein besonders glamouröses, aber es ist ein gediegenes Geschäft. Es hängt natürlich vor allem von deinem Geschick ab, wie gut du Kunden akquirieren kannst. Wenn du davor Angst hast, ist dieser Beruf vielleicht nicht für dich. Aber ich kann dir versichern, dass sich diese Angst überwinden lässt. Im Übrigen lässt sich auch das outsourcen.

Es ist nicht gerade billig, aber es ist möglich. Der Beruf des Börsenjournalisten ist in meinen Augen ein schöner. Leute, die schreiben können, werden immer gefragt sein. Man braucht sich nur die Bücher von Andre Kostolany anzuschauen. Die kann man auch heute noch lesen. Sie sind so gut geschrieben, dass sie einen heute noch unterhalten (und Wissen übermitteln), auch wenn die jeweiligen Fälle Jahrzehnte zurückliegen mögen. Wenn du auch nur annähernd in dieser Richtung schreiben kannst, dann hast du vielleicht hier deine Berufung gefunden.

Kapitel 3: Von reichen technischen Analysten

Technische Analysten sind, wie das Wort selbst schon andeutet, Leute, die sich mit dem Analysieren von Börsencharts beschäftigen. Wie bei allem gibt es in Deutschland auch dazu eine Vereinigung: Die VTAD oder Vereinigung Technischer Analysten Deutschlands e.V. Mitglieder haben die Möglichkeit, die international anerkannten Ausbildungsprogramme „Certified Financial Technician" (CFTe) und „Master of Financial Technical Analysis" (MFTA) zu erwerben. Das ist zwar keine staatlich anerkannte Ausbildung, aber immerhin ein Papier, mit dem in der Finanzbranche durchaus punkten kann.

Selbstverständlich kann ein technischer Analyst sein Wissen benutzen, um selber profitable Trades an der Börse zu finden. Nicht wenige Analysten tun genau dies. Ob sie damit erfolgreich sind, steht natürlich auf einem ganz anderen Blatt. Es kommt ganz darauf an, ob der Analyst die Fähigkeit besitzt, genau die Trades herauszufiltern, die ihm am Ende des Jahres mehr Gewinn als Verlust einbringen. Nichtsdestotrotz kann man durch eine Mitgliedschaft in der VTAD ein profundes Wissen der technischen Seite des Marktes gewinnen. Erwirbt der technische Analyst auch noch Kenntnisse über die dahinter liegenden Gründe, weshalb Märkte steigen oder fallen (Fundamentalanalyse), hat er durchaus Chancen, dauerhaft an der Börse zu überleben. Das nötige Startkapital vorausgesetzt steht einer Karriere als privater Trader nichts im Wege.

Da dies von den meisten doch als ziemlich unsichere Berufswahl eingeschätzt wird, benutzen viele technische Analysten ihr Wissen, um sich in der Börsenindustrie zu verkaufen. Dies kann auf vielfältige Weise geschehen.

Nicht wenige zum Beispiel sind als Publizist tätig. Sie analysieren Charts und schreiben Artikel darüber – genauso wie die Börsenjournalisten über Aktien, Devisen oder Rohstoffe. Diese Artikel können sie dann in einer der vielen Publikationen der Börsenindustrie unterbringen. Aus eigener Erfahrung kann ich sagen, dass man damit nicht reich wird. Und man muss schon sehr gut sein oder sehr viel schreiben (und auch gut in der Kundenakquise sein), um mit dieser Tätigkeit seinen Lebensunterhalt bestreiten zu können. Es ist nicht unmöglich, aber es erfordert schon tägliche Arbeit wie in jedem anderen Beruf auch.

Die publizistische Tätigkeit kann sich natürlich in allen denkbaren Formen zeigen. Nicht wenige Analysten veröffentlichen sogenannte Markt-Überblicke gespickt mit Charts und anderen Analysen. Diese werden dann wöchentlich an interessierte Leser verschickt (manche machen das sogar täglich). Kann sich der Analyst am Markt behaupten und sich einen Namen machen, können mit dieser Tätigkeit durchaus stattliche Einnahmen zustande kommen.

Nehmen wir an, ein Analyst bietet ein Jahresabonnement auf seine wöchentlichen Analysen zu einem Preis von 300 € an. Die Analyse wird jede Woche pünktlich an Sonntagabend verschickt. Das wären immerhin 52 Ausgaben im Jahr. Der Leser bekommt vor dem Start der Börsenwoche eine gründliche Einschätzung über den Zustand der wichtigsten Indices, Währungen und Rohstoffmärkte. Das ist ein Service, der für manche Börsianer durchaus nützlich sein kann. Ich kenne nicht weniger Trader, die mir gesagt haben, dass sie jede Woche den Newsletter von Herrn XYZ lesen. Es ist ihnen also jährlich 300 € wert. Schafft nun der Analyst im Laufe der Jahre, 500 Leser für seinen Service zu begeistern, ist hier schon schnell mit Einnahmen von 150.000 € im Jahr zu rechnen. Auf Deutsch: 12.500 Euro im Monat.

Das ist schon mal kein schlechter Start. Mit dem sich akkumulierenden Kapital kann der Analyst, wenn er auch ein guter Trader ist, sich nebenbei den einen oder anderen Trade am Markt leisten. Sollte die Abonnentenzahl auf 1.000 Personen oder gar mehr ansteigen (dies könnte zum Beispiel durch eine Internationalisierung des Wochenberichtes geschehen), dann kann die wöchentliche Mail schnell mal eine halbe Million im Jahr einbringen. Ich weiß von mehreren Maildiensten, bei denen dies auch tatsächlich der Fall ist. Merke wohl: Dies ist das Ergebnis von langjähriger beharrlicher Arbeit. So etwas baust du nicht in einigen Monaten auf.

Es muss auch nicht bei der wöchentlichen Analyse bleiben. Der technische Analyst kann sein Wissen auch an Banken, Vermögensverwaltungen und andere institutionelle Anleger verkaufen. Wenn er gut verhandelt, ist auch hierbei mit bedeutenden Einnahmen zu rechnen. Vor allem dann, wenn der Analyst Zusammenhänge aufdecken kann, die dem Management einer Vermögensverwaltung so nicht aufgefallen wären. Diese Informationen können für institutionelle Anleger durchaus von Wert sein.

Und schaden tut es auch nicht, wenn sich der technische Analyst gut ausdrücken kann. Nicht nur schriftlich, sondern auch mündlich. Und wenn er in der Lage ist, seine Einsichten einem interessierten Fernsehpublikum kundzutun. Nicht wenige technische Analysten treten regelmäßig in Wirtschaftssendern wie NTV auf. Es sind die Gesichter, die man immer wieder zu sehen bekommt, wenn es darum geht, zu erfahren, wie es um den DAX, den Goldpreis oder den Euro bestellt ist. Es ist nach wie vor so, dass diese Art von Sendungen für viele Menschen eine Art von Gütesiegel darstellt. Es heißt dann: Er war auf NTV. Er hat ein Interview in diesem oder jenem Programm gegeben, also muss etwas dran sein, wenn man *ihn* fragt.

In der Regel sieht die Sache meist etwas anders aus. Die Medien, insbesondere auch das Fernsehen, sind permanent auf der Suche nach irgendjemanden, der ihnen ein bestimmtes Ereignis am Markt deuten kann. Fällt der DAX um 10 %, dann braucht man einen vertrauenswürdigen Herrn, der einem erklärt, dass das alles nicht so wild ist und dass sich der DAX demnächst erholen wird. Die Sender rufen dann den Herrn XYZ an. Und wenn Herr XYZ zudem etwas zu verkaufen hat, wird er wohl nichts dagegen haben, regelmäßig mit freundlicher Miene seine Meinung zum Marktgeschehen zum Besten zu geben. Wer also in der Lage ist, seine publizistische Tätigkeit mit Fernsehauftritten zu verbinden, dem steht eine erfolgreiche Karriere als Publizist nichts mehr im Wege.

Selbstverständlich gibt es auch für versierte technische Analysten die Möglichkeit, in größeren Vermögensverwaltungen und auch im Fondsmanagement tätig zu werden. Denn auch diese Häuser sind auf gute Analysen bei ihren Handelsentscheidungen angewiesen. Bekanntlich sind dies schon die etwas besser bezahlten Jobs. Und es kann durchaus nicht schaden, wenn du als beginnender technischer Analyst zunächst einige Jahre in der Fondsindustrie mitdrehst und dir dort einen guten Namen verschaffst (und auch die nötigen Beziehungen, die du später brauchen wirst). Für ambitionierte Börsianer mit Banklehre und Zertifikat des VTAD in der Tasche ist dies durchaus eine gängige Möglichkeit, eine Laufbahn in der Börsenindustrie in Betracht zu ziehen. Für manche, die sich vielleicht nicht so gut verkaufen können, ist dies durchaus ein Weg seinen Lebensunterhalt als Börsenanalyst zu verdienen. Es wäre nicht meine Wahl, aber ich kann durchaus verstehen, dass eine solche Laufbahn für manche Leute eine attraktive Möglichkeit darstellt.

Ein weitaus lukrativerer Ansatz ist der technische Analyst als Software-Entwickler. Wenn du neben deinen Kenntnissen als Analyst von Börsencharts auch die Fähigkeit hast, Software zu entwickeln, dann stehen dir unter Umständen ungeahnte Möglichkeiten offen. Nicht wenige technische Analysten versuchen sich in der Entwicklung von sogenannten *automatischen Handelssystemen*. Das ist eine spezielle Software, die an der Börse vollautomatisch Trades durchführt. Dieses Segment ist in den letzten Jahren dermaßen gewachsen, das mittlerweile über 70 % der Transaktionen an den Weltbörsen nicht mehr von natürlichen Personen, sondern von Computerprogrammen durchgeführt werden.

Wer also in der Lage ist, ein erfolgreiches Trading-Programm zu schmieden, dem stehen natürlich alle Wege offen, damit Geld zu verdienen. Er kann das Programm mit dem eigenen Geld einsetzen. Aber er kann es auch verkaufen. Potenzielle Abnehmer wären Hedgefonds, Vermögensverwaltungen und andere institutionelle

Marktteilnehmer. Er kann das Programm lizensieren oder gegen Gebühren dem allgemeinen Markt zur Verfügung stellen. Hier sind der Fantasie kaum Grenzen gesetzt.

Die heutige Börsenwelt ist mit dem alten Parkett von vor dreißig Jahren kaum noch zu vergleichen. Zwar gelten nach wie vor die Regeln von Nachfrage und Angebot und für jeden Käufer muss es ein Verkäufer geben. Aber die Art und Weise, wie die Computerprogramme das Handelsgeschehen übernommen haben, sucht seinesgleichen. Man kann jedem technischen Analysten, der in der Lage ist, Software zu programmieren, nur dazu ermutigen, sich mit automatischen Handelssystemen zu beschäftigen. Im Übrigen ist es keine Raketenwissenschaft. Manche Broker bieten sogar „Do it Yourself-Programme" in Baukastenform an. Sie helfen dir sogar, eigene Strategien zu entwickeln. Auf diese Weise kann auch ein Laie in die Sache hineinwachsen. Es gibt genügend Ausbildungen und Software-Pakete, mit denen man experimentieren kann.

Wer über gründliche Programmierkenntnisse verfügt, kann auch einen Schritt weitergehen. Vor einiger Zeit saß ich einem Flugzeug von Zürich nach Larnaca auf Zypern.

Neben mir saß ein etwas müde aussehender junger Mann. Er machte zunächst den Eindruck, als wollte er den vierstündigen Flug schlafend verbringen. Als dies nach einiger Zeit nicht gelang, begann er mit mir eine kleine Konversation. Zunächst wollte er wissen, was ich in Zypern vorhatte (ich wollte die Monate Oktober und November auf der Insel verbringen, weil es dort zu dieser Zeit immer noch Sommer ist). Er zeigte mir dann mit großer Begeisterung Bilder von seiner Familie und von seiner recht imposanten Villa, die er in einem kleinen zypriotischen Dorf gekauft hatte. Im Übrigen stand auch ein neuer Lamborghini vor dem Haus. Es war klar, dass er mir damit andeuten wollte, dass er kein armer Schlucker war. Er hatte zuerst kurz gefragt, was ich machte. Und als er hörte, dass ich Trader war, schien sein Interesse geweckt. Es stellte sich heraus, dass der junge Mann Russe war und sein Geld damit verdiente, Software für Broker zu entwickeln. Sein Geschäft war also der Verkauf von Lizenzen. Ich gab mein Bestes, um die Details zu verstehen, die er mir erzählte. Er verkaufte Software, die im Bereich Blockchain-Technologie anzusiedeln war. Da Technologie nun nicht meine Stärke ist, hatte ich wirklich Mühe, ihm folgen zu können. Und obwohl mein Wissen über Börsensoftware nun nicht gerade oberflächlich ist, konnte ich kaum nachzuvollziehen, worüber er sprach. Dieser junge Russe besaß Kenntnisse von technischen Vorgängen im Blockchain-Bereich, wo ihm vermutlich nur noch wenige Leute folgen konnten.

Er musste mich nicht davon überzeugen, aber ich bin mir sicher, dass im Bereich der Kryptowährungen und Blockchain-Technologien jetzt und in den kommenden Jahren die großen Vermögen gemacht werden. Und zwar nicht von denjenigen, die etwas Geld in Bitcoin investieren, sondern von den Personen, die, wie dieser junge Russe, in der Lage sind, an der künftigen Börseninfrastruktur mitzuarbeiten. Man kann es vielleicht vergleichen mit denjenigen, die in den achtziger und neunziger Jahren die Software entwickelt haben, die heute zur Standard-Börsensoftware gehört. Es gibt kaum etwas Lukrativeres als Lizenzgeschäfte. Verfügst du über die Lizenz einer Software oder eine Technologie, die andere brauchen oder haben wollen, kannst du im Prinzip jeden Preis verlangen und die Lizenz beliebig oft verkaufen. Man denke an das Office-Programm von Microsoft. Egal welchen Mumpitz das Unternehmen in den letzten 20 Jahren sonst noch so erfunden hat, mit Office machen die Jungs heute immer noch Geld.

Kapitel 4: Von gerissenen Börsenbriefschreibern

Die nächste Gruppe, über die ich hier berichten möchte, sind die sogenannten *Börsenbriefschreiber*. Das sind Leute, die in regelmäßigen Abständen einen Brief mit Börseninformationen an interessierte Anleger schicken. Früher geschah das natürlich mit der Post, aber heute finden die meisten Börsenbriefe in Form eines E-Mails zum Adressaten.

Zunächst nochmal zurück zur alten Postmethode. Es kann durchaus gute Gründe geben, weshalb manche Börsenbriefschreiber trotzdem an dieser etwas altmodisch anmutenden Methode festhalten. Jeder bekommt heutzutage täglich Dutzende von Mails. Die meisten von ihnen werden bekanntlich gelöscht. Aber bekommst du auch Dutzende von Briefen und Paketen zugesandt? Wohl eher nicht! Die Wahrscheinlichkeit, dass du einen DIN A4-Umschlag mit deinem Namen und deiner Adresse, den du in deinem Briefkasten vorfindest, aufmachst, ist doch recht hoch. Außerdem kommt diese Art von Post in einer Form daher, die eine gewisse Seriosität vermittelt.

Sie trägt daher auch rauschende Namen wie „Cambridge Report" oder so etwas wie „Investors University" oder „High Performance Stocks". Die Aufmachung ist dementsprechend feierlich. Der Briefkopf allein gibt dir den Eindruck, als würdest du gerade die letzte Ausgabe der New York Times in den Händen halten oder eine Publikation einer renommierten Universität.

All das ist natürlich reine Augenwischerei. Ich sage nicht, dass alles falsch ist, was in solchen Briefen steht. Aber es muss dir klar sein, dass allein schon das Layout und die Aufmachung bei dir einen Anschein von Gediegenheit und Seriosität wecken sollen. Das Ganze soll dir das Gefühl geben, exklusive Informationen bekommen zu haben, die nur an sehr wenige Menschen verschickt werden. Dieses *Gefühl* solltest du bekommen. Und ich betone nicht umsonst das Wort Gefühl. Denn das ist es, worum es geht.

Ein zweiter oft sehr wichtiger Aspekt des Börsenbriefes ist seine *Dringlichkeit*. Wenn du diesen ehrwürdigen Text zu lesen beginnst, bekommst du von der Art und Weise, wie er geschrieben ist, schnell den Eindruck, dass du sofort handeln solltest. Denn die Informationen, die dieser geheimnisvolle Absender dir jetzt gerade zugespielt hat, sind nicht nur hochgradig exklusiv.

Dir wird auch vermittelt, dass das Zeitfenster, in dem diese Chance offensteht, sehr kurz ist. Oft handelt es sich um wenige Tage, in denen die Kaufchance einer Aktie noch existiert. Am besten, du liest nicht weiter, sondern du gehst gleich zu deinem Computer, loggst dich in dein Brokerkonto ein und orderst das Papier, das dir der Report dringend empfohlen hat.

Der dritte Aspekt dieser Art von Post besteht in dem Eindruck, als würdest du jetzt eine Art *Geheimwissen* in den Händen halten, als gehörtest du jetzt zu den Insidern der Börse. Nichts ist natürlich weniger wahr. Denn obwohl der Bericht über die (noch) unbekannte Aktien-Perle in der Regel gut recherchiert ist, handelt es sich trotzdem meist um Informationen, die irgendwo im Internet frei verfügbar sind. Du solltest nicht vergessen, dass der Autor dieses Berichts seine Informationen von irgendwo her haben muss.

Es wird dir der Eindruck vermittelt, als verfüge nur *er* über persönliche Kontakte mit Insidern und als hätte gerade *er* Dinge erfahren, die die Allgemeinheit noch nicht erfahren hat. Bei kleineren Unternehmen ist das auch gar nicht so schwierig. Dazu eine Anekdote, die ich selber miterlebt habe.

Ich hatte einen Freund, der sich eine Zeit lang für kanadische Minenaktien interessierte. Also für diejenigen Explorer, die überall nach Gold, Silber, Kupfer und was sonst noch alles im kanadischen Boden schlummert suchen. Er hatte auch etwas Geld und war mit größeren Summen in einer kanadischen Minengesellschaft investiert, die ich hier einfachheitshalber die „Eldorado-Aktie" nennen möchte. Dieses Unternehmen hatte sich einem schlauen, aber einfachen Geschäftsmodell verschrieben. Es kaufte überall Land und Grundstücke auf, die in der Nähe oder direkt neben Grundstücken lagen, an denen bereits Minen betrieben wurden. Da Land in den ausgedehnten Weiten dieser kanadischen Provinz billig war, war die „Eldorado-Aktie" bald zum größten Grundbesitzer der gesamten Provinz aufgestiegen. Sie besaß zwar keine einzige Mine (noch nicht! sagte mein Freund mit Zuversicht), aber das schien nur eine Frage der Zeit zu sein. Wenn es irgendwo im Boden eine Goldader gibt, hört diese nicht unbedingt am Grenzzaun deines Nachbarn auf. Es war also nur noch eine Frage der Zeit, bis „Eldorado" fündig werden würde. Die Firma hat bereits zahlreiche gute Bohrergebnisse publiziert. Und dann würde der Preis der „Eldorado-Aktie" raketenhaft in die Höhe schießen.

Darauf warteten alle, die in irgendeiner Form an dieser Aktie beteiligt waren.

Da mein Freund vom Geschäftsmodell dieser Kanadier überzeugt war, hatte man ihm ein sogenanntes *Private Placement* angeboten. Bei einem Private Placement (Deutsch: Privatplatzierung) kaufst du die Aktien nicht an der Börse, sondern du kaufst sie direkt dem Management zu einem Sonderpreis ab. So etwas gibt es, denkst du vielleicht? Ja, so etwas gibt es vor allem für Leute, die etwas mehr investieren wollen als der Durchschnitts-Anleger. Mein Freund war zuversichtlich, dass er sein Vermögen auf diese Art und Weise bedeutend würde steigern können. Die „Eldorado-Aktie" war an der kanadischen Börse TSX Venture Exchange gelistet. Das ist eine Börse für kanadische Small-Caps. Zur damaligen Zeit war die Aktie für etwa 35 kanadische Cent zu haben. Mein Freund war sich sicher, dass „Eldorado" bald aufgrund von überraschenden Funden auf über einen kanadischen Dollar schnellen würde. Dadurch würde er seinen Einsatz mindestens vervierfachen, wenn nicht noch mehr.

Da er einige hunderttausend Euros investiert hatte, war er zum größten Anleger dieser kleinen Gesellschaft avanciert.

Er berichtete mir immer wieder von nächtlichen Telefonaten mit dem CEO von „Eldorado" (der CEO rief ihn offenbar immer abends an, als es in Europa Nacht war, aber das kümmerte meinen Freund mitnichten). Er wurde eines Tages sogar vom Vorstand eingeladen und auf Kosten der Gesellschaft zur Hauptversammlung in der kanadischen Provinz eingeflogen. Am Flughafen wurde er persönlich vom CEO abgeholt, in einem der besten Hotels vor Ort untergebracht und schließlich am Abend vor der Hauptversammlung in eines der besten Restaurants vor Ort eingeladen. Als er es mir erzählte, sah ich, wie seine Augen glänzten. Ich konnte förmlich spüren, wie es seinem Ego gut getan hatte, dass ihn eine kanadische Minengesellschaft auf ihre Kosten eingeladen hatte und dass er sogar nach Kanada eingeflogen wurde.

Ich erzähle diese Anekdote, weil sie mir typisch erscheint für den Typ von Anleger, der für diese Art von exklusiven Börsenbriefen empfänglich ist. Da geht es gar nicht primär darum, nur an exklusive Informationen zu kommen, obwohl das natürlich auch wichtig ist. Da geht es an erster Stelle um das Gefühl dazuzugehören, ein „Insider" zu sein oder gar über bestimmtes Geheimwissen zu verfügen, das kaum ein anderer hat, nicht mal Goldman Sachs.

Diesen Typus von Mensch gibt es überall auf der Welt. Es gibt nicht wenige, die dafür empfänglich sind, Mitglied eines exklusiven oder geheimen Zirkels zu werden. Das gilt natürlich im Allgemeinen, wenn es um die Mitgliedschaft in bestimmten Clubs geht. Man denke an die sogenannten „Serviceclubs" wie Rotary International, Lions Club International oder Round Table International (für die Damen: Soroptimist International). Genauso ist es mit der Mitgliedschaft in der Freimaurerei oder ähnlichen Vereinen. Dieses Bedürfnis hat es immer gegeben und die Herausgeber der „exklusiven Börsenbriefe", die ähnliche Namen tragen, verstehen es bestens, auf dieses Bedürfnis einzugehen.

Ach ja, was ist nun aus der „Eldorado-Aktie" geworden? Nachdem mein Freund in sämtlichen Börsenforen für diese Aktie geworben hatte und der bedeutende Fund immer länger auf sich warten ließ, verschwand sie irgendwann von der Bildfläche. Eines Tages wurde der Handel an der TSX Venture ausgesetzt. Es wunderte mich nicht, dass mein Freund eines Tages kleinlaut von der Pleite dieses Unternehmens berichten musste. Es hat ihm eine mittlere sechsstellige Summe gekostet. Er betrachtet es als Lehrgeld, ein teures Lehrgeld zwar, aber ich weiß, dass er heute absolut nichts mehr von Minenaktien hören will, egal wie hoch oder wie tief der Goldpreis steht.

Neben der Exklusivität und der Dringlichkeit gibt es noch einen weiteren Aspekt des Börsenbriefes, den wir betrachten müssen. Ich kenne persönlich mehrere Autoren von Börsenbriefen und sie sagen mir alle das gleiche. Der Börsenbrief hat vor allem eine große Aufgabe. Er gibt dem Anleger eine gewisse Orientierung in einer globalisierten Welt, die für die meisten Menschen zunehmend undurchsichtig geworden ist. Es hat nun auch nicht jeder die Zeit, um sich mit all diesen komplexen Börsenthemen auseinanderzusetzen. Also ist es doch wunderbar, wenn sich jemand hinsetzt und diese Arbeit für dich erledigt. Du bekommst einmal die Woche oder einmal im Monat die Informationen, die für dich wichtig sind, in Form einer Story säuberlich präsentiert.

Auch wenn sich manche Leser dieses Buches als aufgeklärt betrachten mögen (und natürlich sind sie das!), so spricht doch allein schon die Masse der in Deutschland angebotenen Börsenbriefe eine deutliche Sprache. Es sind aktuell mehr als tausend! Wenn sicher auch nicht jeder dieser Börsenbriefe erfolgreich ist, so haben manche von ihnen Tausende von Abonnenten, die ihren Herausgebern Zehntausende von Euros in die Kassen spülen. Jeden Monat.

Meiner Meinung nach gehören Börsenbriefe zu den lukrativsten Geschäftsmodellen im Börsenkosmos. Vor allem wenn man sich das Verhältnis zwischen Aufwand und Ertrag anschaut. Wir wollen daher das Geschäftsmodell des Börsenbriefes anhand eines mir persönlich bekannten Beispiels etwas genauer anschauen.

Ein guter Freund von mir wurde vom Herausgeber eines Börsenbriefes als Redakteur angeworben. Er verfügt über ein gediegenes ökonomisches Wissen (Wiener Schule), schreibt gut und hat die Fähigkeit, komplexe Zusammenhänge auf unterhaltsame Weise darzustellen. Das alles sind ausgezeichnete Eigenschaften für den Autor oder Redakteur eines Börsenbriefes! Seine Aufgabe besteht darin, die Redaktion des Börsenbriefes, der zweimal im Monat erscheint, zu übernehmen. Mein Freund schreibt also zweimal im Monat einen Report, der ungefähr 30 Seiten lang ist. Diese 30 Seiten schreibt mein Freund nicht alle selber. Zum einen besteht etwa die Hälfte des Börsenbriefes aus Charts, Tabellen und Illustrationen. Zum anderen gibt es am Ende des Börsenbriefes Briefe von Lesern, auf die mein Freund natürlich einzugehen hat.

Diese Leistung erbringt er also zweimal im Monat und wird dafür vom Herausgeber mit 2.000 € belohnt. Ich kann dir sagen, dass 2.000 € für diese Art von Tätigkeit recht gut bezahlt sind. Immerhin verfügt mein Freund dank seiner Aufgabe als Redakteur dieses Börsenbriefes über eine Art monatliches Einkommen. Der Abonnent des Börsenbriefes bekommt alle zwei Wochen einen interessanten Brief, mit dem er sich am Wochenende eine Stunde beschäftigen kann. Der Brief wird in Form einer PDF-Datei per E-Mail an die Abonnenten verschickt. Mit anderen Worten, es entstehen kaum Versandkosten wie das zum Beispiel bei den postalischen Briefen der Fall ist, von denen ich vorher gesprochen habe.

Das Honorar meines Freundes gehört natürlich zur Ausgabenseite des Börsenbriefes. Bekommt er 2.000 € im Monat, sind das also 24.000 € im Jahr, die zu Buche schlagen. Nun findet der Börsenbrief nicht einfach so zu seinen Abonnenten. Es gibt natürlich eine gewisse Verwaltungsarbeit, die in der Regel von einer Sekretärin übernommen wird. Ich weiß, dass es um einige Stunden im Monat geht, in denen diese Person damit beschäftigt ist, den Versand des Börsenbriefes per E-Mail vorzubereiten.

Sie ist auch für die ganze Verwaltung (Abonnements und Leser-Anfragen) des Briefes zuständig. Nehmen wir an, dass die Verwaltung in etwa 500 € im Monat kostet. Somit schlägt sie mit etwa 6.000 € im Jahr zu Buche.

In diesem spezifischen Fall, den ich hier erwähne, wurde der Börsenbrief langsam aufgebaut, und zwar durch den Herausgeber selber, der ihn zunächst einige Jahre lang selber geschrieben hat. Ich kenne den Mann auch persönlich. Auch er verfügt über eine sehr gute Feder. Er ist ein ausgezeichneter Werbetexter.

Wenn du dich mit der Idee beschäftigst, einen Börsenbrief herauszugeben, dann solltest du zumindest eine Ahnung haben, wie man so etwas macht und du solltest natürlich gerne schreiben. Aber in diesem konkreten Fall ist der Herausgeber schon länger dabei. Er hatte die finanziellen Mittel, die komplette Redaktion des Börsenbriefes und die Verwaltung outzusourcen. Er selbst beschränkt sich darauf, seinen populären Börsenblog zu führen, in dem er sich in regelmäßigen Abständen über das Börsengeschehen zu Wort meldet. Er hat im Laufe der Jahre eine recht große Leserschaft gefunden, die mittlerweile in die Zehntausende geht. Der Blog ist von daher das wichtigste

Marketingmittel, um neue Abonnenten für den Börsenbrief zu generieren.

Nun sollte man sich das nicht zu romantisch vorstellen. Nicht jeder Leser des Börsenblogs wird automatisch auch Abonnent des Börsenbriefes. Aus allem, was ich über dieses Geschäft weiß, kann ich sagen, dass bei den meisten Blogs, die zu diesem Zweck geschrieben werden, die Conversion Rate etwa eins zu hundert oder sogar weit darunter liegt. Oft liegt sie sogar im Promillebereich. Mit anderen Worten, du musst schon tausend Leser deines Börsenblogs haben, damit du einen oder zwei Kunden gewinnst.

Deswegen sind viele Herausgeber von Börsenbriefen zu anderen Marketing-Maßnahmen übergegangen als dem reinen sogenannten Content Marketing (was das Schreiben von Artikeln für einen Blog ist). Die einfachste Art, neue Kunden zu generieren, ist, E-Mail-Adressen zu kaufen. Für bestimmte Summen kannst du Zehntausende oder gar Hunderttausende von E-Mail-Adressen käuflich erwerben. Jeder von uns kennt das. Wir alle bekommen zu regelmäßigen Zeiten irgendwelche Börsenbriefe oder andere Marketing-E-Mails von einer Stelle, die wir nicht kennen. Wir haben keine Ahnung, wie diese oder jene Firma jemals an unsere E-Mail-Adresse gekommen ist. Es ist ganz einfach: Deine E-Mail-Adresse stand auf irgendeiner Kaufliste und wurde von dieser Firma gekauft. Und genauso macht es der Herausgeber des Börsenbriefes, über den ich hier spreche. Er kauft Zehntausende von E-Mail-Adressen, die er dann mit gezielten Marketing-Attacken bearbeitet.

Neben Anzeigen, die auf Google oder zum Beispiel auch auf Facebook geschaltet werden, gehört das Kaufen von E-Mail-Adressen zum festen Bestandteil des Marketingplans eines Börsenbriefes. Sagen wir der Einfachheit halber, dass diese Maßnahmen bei einem etwas reiferen Börsenbrief mit 3.000 € im Monat zu Buche schlagen. Somit kommen wir auf Kosten für Marketing von 36.000 € jährlich. Ich kann aus eigener Erfahrung sagen, dass diese Summe noch ein eher bescheidenes Budget darstellt. Zählen wir nur die Gesamtkosten zusammen (Redakteur, Verwaltung und Marketing), kommen wir auf etwa 66.000 € jährliche Kosten, die der Herausgeber des Börsenbriefes natürlich vom Betriebsgewinn abziehen und als Kosten beim Finanzamt geltend machen kann. Denn ein Börsenbrief wird natürlich nicht von einer Privatperson betrieben. Einen

Börsenbrief führt man am besten in Form einer Firma, sei es einer GmbH oder sonst einer Rechtsform (nicht zwangsläufig in Deutschland!).

Nun kommen wir zur Einnahmenseite des Börsenbriefes und hier wird es natürlich interessant. Der Brief, über den ich hier spreche, kostet im Jahr 365 €, also genau so viel wie es Tage im Jahr gibt. Damit wird der Brief auch beworben, dass er eben nur „ein Euro pro Tag" kostet. Ich weiß von meinem Redakteur-Freund, dass der Börsenbrief im Augenblick etwas mehr als 3.000 Abonnenten hat. Und jetzt ist der Rechenschritt natürlich leicht zu machen: 3.000 Abonnenten mal 365 € im Jahr macht 1.095.000 € Einnahmen jährlich. Also eine gute Million. Mit diesen Einnahmen kann man die Ausgaben von 66.000 € gut verschmerzen, oder?

Der Herausgeber des Börsenbriefes kann also mit einem Vorsteuerjahresgewinn von etwa einer Million Euro rechnen und auch nach Steuern bleibt genügend übrig, um sich jährlich den letzten Jaguar oder Lamborghini zu leisten. Wenn du das zehn Jahre lang so betreiben kannst, dann bist du *finanziell durch,* wie man sagt. Du brauchst dir dann um Geldfragen keine allzu großen Sorgen mehr zu machen.

Und was muss der Herausgeber des Börsenbriefes nun selber dafür tun, damit er dieses Betriebsergebnis einfährt? Nun, er hat natürlich die Aufgabe, die Themen, über die sein Börsenbrief geht, an der Börse zu verfolgen. Außerdem wird er hin und wieder mal eine Besprechung mit seinem Redakteur haben. Das lässt sich ja auch telefonisch oder per E-Mail regeln, sollte der Redakteur in einem anderen Land wohnen, was bei meinem Beispiel der Fall ist. Natürlich sollte der Herausgeber auch ein Auge auf die Verwaltung des Börsenbriefes haben. Aber nachdem er eine nette Dame gefunden hatte, die das Ganze für 500 € im Monat erledigt, beschränkt sich diese Aufgabe auf wenige Stunden im Monat. Und ja: Einmal die Woche sollte er in seinem Blog schon mal was Interessantes schreiben. Da er aber über mehr als zwanzig Jahre Schreiberfahrung verfügt, geht ihm das auch leicht von der Hand.

Solltest du also vorhaben, selber einen Börsenbrief zu starten, wirst du vieles zunächst selber erledigen müssen. Wie bei jedem Geschäft wirst du in den ersten Jahren richtig rackern müssen, um überhaupt profitabel zu werden. Und du musst gut sein. Aber wie man sieht, lohnt sich das Geschäft sehr wohl, wenn es denn einmal läuft. Es ist in meinen Augen eines der Geschäfte, die mit dem geringsten

Aufwand ein hohes Maß an Ertrag erbringen kann. Und zwar, weil es ein Geschäft ist, das genau auf den drei Prinzipien beruht, die ich am Anfang dieses Kapitels beschrieben habe. Und diese drei Prinzipien basieren auf menschlichen Schwächen. Diese werden von den meisten Börsenbriefen gnadenlos ausgenutzt. Und es ist völlig egal, ob wir uns im Jahr 2020, im Jahr 1920 oder im Jahre 2120 befinden. An den menschlichen Schwächen hat sich in den letzten hundert Jahren nicht viel geändert und meine Wette wäre, dass dies in den nächsten hundert Jahren genauso sein wird.

Wenn der Leser nun denkt, dass der Herausgeber dieses Börsenbriefes mit dem Erreichten doch wohl zufrieden sein müsste, dann irrt er sich leider. Denn mit den Einnahmen des Börsenbriefes lässt sich natürlich das eine oder andere Zusatzgeschäft aufbauen oder einfach kaufen. Und genau das hat der Herausgeber besagten Börsenbriefes auch getan. Er hat natürlich das Geschäft gekauft, wofür der Börsenbrief das beste Marketing-Instrument ist. Er hat eine Brokerfirma aufgemacht. Es handelt sich um einen Introducing Broker (siehe das Kapitel über Broker). Er kann nun die Leser seines Blogs und seines Börsenbriefes herzlich dazu einladen, auch noch Kunde seiner

Brokerfirma zu werden. Denn wer nicht zur Konkurrenz geht und Kunde *seiner* Brokerfirma wird, bekommt natürlich einen exklusiven Einblick in das Portfolio des Börsenbriefschreibers. Wenn du schon Fan eines Börsenbriefes bist, dann willst du auch wissen, welche Aktien dein Guru gerade hält, also wirst du Kunde seiner Brokerfirma. Der Herausgeber des Börsenbriefes schlägt hiermit zwei Fliegen mit einer Klappe. Zum einen ist er Broker, was sowieso zu den lukrativsten Geschäften im Börsenkosmos gehört, zum anderen hat er ein Marketinginstrument geschaffen, das die Kunden wie von selbst zu seiner Firma führen. Wenn du nun auch noch das Kapitel über Brokerfirmen durchliest, dann wirst du verstehen, dass dieser Mann schlafend reich wird.

Kapitel 5: Über Börsenverlage und andere Schlitzohren

Nun ist ja der Börsenbrief, den ich im vorherigen Kapitel beschrieben habe, die Arbeit eines Einzeltäters. Es gibt im deutschsprachigen Bereich mehrere Verlage, die Dutzende Börsenbriefe, Trading-Signaldienste und sonstige wirtschaftliche Informationen herausgeben. Das sind mitunter richtige mittelständische Unternehmen, die seit Jahrzehnten am Markt sind. Sie haben sich im Laufe der Zeit in diesem Bereich ein ordentliches Stück vom Kuchen abgeschnitten. Und weil das Geschäft lukrativ ist - und das ist es ganz gewiss -, bedeutet dies natürlich, dass du nicht alleine bist in diesem Universum. Um es klar zu sagen: Die Konkurrenz ist knüppelhart.

Ich habe das selber genauer erfahren, als sich auf Empfehlung eines Börsenkollegen einer dieser Verlage bei mir meldete. Man würde mich in Betracht ziehen, die Redaktion eines Börsendienstes zu übernehmen. Der besagte Kollege machte das als „Nebentätigkeit" neben seinem Trading. Ich wusste von ihm, dass diese Nebentätigkeit durchaus lukrativ war, also habe ich mir die

Sache angeschaut und bin der Einladung des Verlages gefolgt.

Die Firma befand sich in einem Hochhaus in einem eher unscheinbaren Stadtteil einer mittelgroßen deutschen Stadt. Das Hochhaus, das in etwa sechs oder siebenstöckig war, durfte aus den sechziger Jahren gestammt haben. Auf den ersten (und auch zweiten) Blick sah es ziemlich heruntergekommen aus. Der Sitz des „Börsenverlages" war also gerade das Gegenteil von einem schicken Geschäftshaus in einer vorzeigbaren Lage. Es war, als würde der Geschäftsinhaber dieses Unternehmens vor allem darauf achten, dass die ganze Sache nicht allzu viel Kosten verursachen würde. Und so war es auch. Es wurde mir bald klar, dass diese Firma vor allem eines im Blick hatte: Die Ausgabenseite auf ein Minimum zu beschränken und die Einnahmenseite maximal zu steigern.

Nun könnte man meinen, das sei doch die Aufgabe eines jeden guten Kaufmanns. Ich habe selten eine solche Zuspitzung auf Effizienz gesehen, wie bei diesem Unternehmen. Dieser Börsenverlag gehört zu den Marktführern im deutschsprachigen Bereich und ist Herausgeber von Dutzenden Finanzreports und

Börsenbriefen. Die Büros befanden sich in einer der obersten Etagen dieses baufälligen Hochhauses, das man eigentlich nur noch aus französischen Filmen der siebziger Jahre kennt.

Nachdem ich in einem fast beängstigend kleinen Aufzug bis zum richtigen Stockwerk gefahren war, betrat ich den Flur, dessen Fußboden ebenfalls aus diesem französischen Film der siebziger Jahre zu stammen schien. Ich war mir nicht sicher, ob er seitdem schon mal gereinigt worden war. Nach einigem Suchen (so etwas wie eine Empfangsdame hatten die natürlich nicht) fand ich den zuständigen Manager, der mich tatsächlich erwartete. Er empfing mich in einem fast leeren Zimmer mit Ausblick auf einen größeren Parkplatz. Ich meine mich nicht zu erinnern, dass er einen Computer hatte. So etwas überließe er den Damen der Marketingabteilung, die sich in einem anderen Zimmer auf dem gleichen Flur befanden. Das einzige, was sich auf seinem Schreibtisch befand, war ein imposanter Aschenbecher. Und das erste, was dieser etwas hagere Mann von Mitte fünfzig mich fragte, als ich eintrat, war, ob es mir etwas ausmachen würde, wenn er rauchen würde. Natürlich machte es mir nichts aus. Ich wollte den Job haben.

Dieser Mann hat sich dann etwa zehn Minuten lang meine Geschichte angehört. Er hat währenddessen sicher zwei oder drei Zigaretten geraucht, ist dann aufgestanden und in den Flur gegangen und erst nach mehreren Minuten wieder zurückgekehrt. Er hat die Tür geschlossen und sich dann mit einem Stift vor ein Flipchart gestellt, das neben dem Schreibtisch stand. Er hat dann dasjenige, was ich ihm in meinem zehnminütigen Vortrag erzählt hatte, auf zwei Begriffe heruntergebrochen und diese mit einer fast unleserlichen Schrift auf das Flipchart geschrieben. Dann ist er zwei Schritte zurückgegangen und hat sich erneut eine Zigarette angezündet. Er hat sich diese zwei Begriffe länger angeschaut, als würde er über sie zu meditieren beginnen. Inzwischen war der ganze Raum mit Rauch gefüllt. Ohne mich anzuschauen, sagte er dann plötzlich: „Und Sie wollen also mit *Trends* Anleger für sich gewinnen?" Das Wort „Trends" hat er ausgesprochen, als würde er es zum ersten Mal in seinem Leben gehört haben.

Ich spürte förmlich, wie mir das Herz in die Hose rutschte. Wie konnte ich es auch wagen, mit so etwas Langweiligem wie „Börsentrends" einen Börsenbrief herauszugeben? In dem Augenblick wünschte ich, ich hätte ihm etwas über „Mongolische Aktien" oder „Argentinische Anleihen" erzählt statt über Trends. Mit dem einen Satz (er erwartete auf diese Frage eindeutig keine Antwort) hatte er meine ganze Hoffnung, in diesem Verlag Redakteur eines Börsenbriefs zu werden, zunichte gemacht. Es gab für mich in diesem Augenblick kein Wort in der Welt, das so wenig Sex-Appeal hatte wie „Trends".

Es war mir schlagartig klar, dass es für diesen Mann nur ein Kriterium gab: Kann ich das, was dieser Typ mir hier gerade erzählt, verkaufen? Denn darum geht es in diesem Geschäft. Ist das, was du da hast, was immer es sei, wie vernünftig oder klug es auch sei, etwas, womit wir unsere Leser packen können? Lohnt es sich überhaupt, für diese Sache die Marketingmaschine anzuwerfen?

Er hat mir dann, nachdem er sich wieder gesetzt und eine neue Zigarette angezündet hatte, in wenigen Worten das Geschäftsmodell des Hauses erklärt. Wenn ich mich recht entsinne, lohnt sich für dieses Haus ein Börsenbrief erst ab fünfhundert Abonnenten. Am besten sind es tausend. Sie hätten glücklicherweise Börsenbriefe, die viel mehr Abonnenten hätten. Aber sie hätten im Portfolio leider einige, die in der letzten Zeit in Schwierigkeiten geraten wären und knapp an dieser Fünfhundert-Grenze oder gar darunter wirtschafteten. Da müsse man überlegen, ob man sie demnächst nicht besser absetzen würde. Namen hat er mir natürlich nicht genannt. Man kann sich die Liste der Börsenbriefe auf der Webseite dieser Firma anschauen. Man findet auch die Namen und Bilder der jeweiligen Redakteure darauf. Unter ihnen sind im Übrigen bekannte Namen der deutschen Börsenindustrie zu finden.

Dann fuhr er fort, mir das Geschäftsmodell zu erklären. Die Statistiken besagen, dass jeder Abonnent im Schnitt etwas über ein Jahr beim Börsenbrief bleibt. Das mag vielleicht verwundern, zumal die meisten Börsenbriefe Jahresabonnements anbieten. Aber es ist einfach eine Tatsache, dass die meisten Abonnenten den Börsenbrief nach einem Jahr einfach abbestellen. Mit anderen Worten: Die meisten Anleger können den Vorteil des Börsenbriefes gar nicht wirklich ausnutzen, sollte es denn einen geben. Bekanntlich führen die meisten Börsenbriefe Musterdepots. Der Anleger kann also von Monat zu Monat mitverfolgen, was der Redakteur kauft und wie sich die Aktien in seinem Depot entwickelt haben. Es dürfte klar sein, dass man den Vorteil eines geführten Musterdepots nur dann hat, wenn man ihm mehrere Jahre die Treue hält und die Kaufvorschläge konsequent umsetzt. Wenn nun die

Statistiken zeigen, dass der Durchschnittsabonnent nur ein Jahr beim Börsenbrief bleibt, bedeutet dies doch, dass nur die wenigsten Leser tatsächlich umsetzen, was ihnen der Börsenbrief empfiehlt.

Ich könnte es auch anders formulieren. Börsenbriefe haben für Anleger einen gewissen Unterhaltungswert. Ein Börsianer interessiert sich nun mal immer für Börsenthemen. Kommt die Börse in den Nachrichten, horcht er auf. Findet er einen Artikel über die Börse in seiner Tageszeitung, wird er ihn vermutlich lesen. Ein Börsianer ist also immer für irgendwelche Börsenthemen zu begeistern. Und genau das ist es nun, was ein Börsenbrief leistet. Er liefert dir zu regelmäßigen Zeiten Börseninformationen gut aufbereitet ins Haus. Das bedeutet aber noch lange nicht, dass der Empfänger die Empfehlungen dieses Börsenbriefes in reale Käufe umsetzt. Ich habe einen Freund, der Unternehmer ist und mehrere Börsenbriefe bezieht. Ich habe ihn mal direkt gefragt: „Hast du jemals eine Empfehlung aus diesen Börsenbriefen auch umgesetzt?" „Nein", antwortete er, „aber sie sind interessant zum Lesen".

Wie du siehst, hat der Börsenbrief vor allem eine Funktion: Die Anleger und Börsianer zu unterhalten. So radikal musst du das sehen, wenn du Betreiber oder Herausgeber eines Börsenbriefes werden willst. Du bist ein Unterhaltungskünstler oder Entertainer.

Der Manager, bei dem ich eingeladen war, hat mir also in wenigen Sätzen klipp und klar erklärt, worum es bei diesem Geschäft geht. Kann man das verkaufen? Gibt es dafür ein Publikum? Und welches sind die Marketingmaßnahmen, die wir unternehmen müssen, um diese Inhalte an den Mann oder an die Frau zu bringen? Und gerade deswegen ist er wieder in den Flur gegangen und hat die Dame der Marketingabteilung herbeigeholt. Er hat ihr dann, während ich daneben saß, in zwei, drei Sätzen erzählt, was meine Idee war (ich wollte einen Börsenbrief schreiben, der auf mittelfristige Trends an der Börse setzte). Die Dame hat sich das angehört und sich einige Notizen gemacht. Vielmehr ist nicht geschehen. Daraufhin wurde ich verabschiedet mit dem Versprechen, man würde sich bei mir melden.

Wie der Leser schon erraten kann, ist aus der Sache nichts geworden. Nach diesem Besuch wurde mir klar, dass diese

Firma nichts anderes tat, als Millionen von E-Mail-Adressen in der Hoffnung zu kaufen, die laufenden Börsenbriefe am Leben zu halten. Natürlich schaute man sich ab und zu mal eine neue Idee an, die erfolgversprechend erscheint. Aber offensichtlich habe ich sie mit meiner Trendidee nicht überzeugen können. Womöglich klang sie etwas zu vernünftig und zu wenig glamourös. Vielleicht ging sie zu wenig auf die Angst der Menschen ein. Vielleicht war dasjenige, was ich zu erzählen hatte, zu wenig exklusiv, auch wenn es in meinen Augen vernünftig war. Aber bekanntlich ist das, was vernünftig ist, nicht unbedingt das, was sich gut verkauft.

Kapitel 6: Wie Crashpropheten am Weltuntergang verdienen

Nachdem ich nun die Börsenbriefschreiber im Allgemeinen besprochen habe, sollten wir jetzt einen Blick auf eine ganz spezielle Spezies dieser Art werfen: *Die Crashpropheten.* Crashpropheten hat es, wie der Name bereits andeutet, zu allen Zeiten gegeben. Bereits in der Bibel begegnen wir dieser charismatischen Figur, die es sich zur Aufgabe gemacht hat, die Menschheit vor einem kommenden großen Unheil zu warnen (und im Geheimen davon zu profitieren). Man braucht sich nur mal die Bücher Jesaja oder Jeremia im Alten Testament anzuschauen. Da hast du die Botschaft des Crashpropheten in Urform.

Nun hat wohl jeder bereits Artikel, Kolumnen oder vielleicht sogar ein Buch einer dieser Crashpropheten gelesen. Ich nenne hier keine Namen. Sie sind leicht daran zu erkennen, dass sie entweder einen Riesencrash an der Börse vorhersagen oder das Ende unseres Finanzsystems prophezeien. Manche sagen sogar den vollständigen Kollaps der Weltwirtschaft voraus.

Kurz, es handelt sich um Leute, die der Meinung sind, alles ist falsch und wir sitzen gemeinsam auf dem Rand eines Riesenvulkans, der jeden Augenblick auszubrechen droht.

Unnötig zu sagen, dass das Grundprinzip dieses Geschäftes *die Angst* ist. Natürlich macht ein Crash an der Börse Angst (vor allem für die Nicht-Informierten). Natürlich bereitet ein mögliches Ende unseres gesamten Finanzsystems oder gar der gesamten Weltwirtschaft gewaltige Angst. Immerhin ist unser Wohlstand auf dieser Wirtschaft aufgebaut. Und wer will schon davon abgehen und in den Zustand des vorindustriellen Zeitalters zurückgebombt werden? Aber genau diese Extremsituation ist es, die manche Crashpropheten heutzutage von den Dächern schreien. Und in ihrem Eifer lassen sie dabei die alttestamentarischen Herren Jeremia und Jesaja mit ihren Untergangszenarien manchmal wie Kindergartenkinder aussehen. Ging es bei den Börsenbriefen um Eitelkeit oder Exklusivität, so basiert das Geschäftsmodell dieser Herren auf der Angst, alles zu verlieren, was man je aufgebaut hat.

Jeder hat schon mal auf einen dieser Crashpropheten gehört, womöglich mit einem bangen Herzen und in der Hoffnung, dass er Unrecht haben mag. Ich kann dir versichern, dass dies in den allermeisten Fällen auch so war. Wenn man sich ältere Publikationen dieser Herren anschaut und dann die tatsächliche Börsenentwicklung in den Jahren, nachdem die Prophezeiung ausgesprochen wurde, sieht man, dass entweder der Crash ausgeblieben ist oder sich erst Jahre danach ereignet hat. Hätte man also auf diese Leute gehört, wären einem mehrere gute Börsenjahre vorenthalten worden. Und wer will das schon?

Man möge mich nun nicht falsch verstehen. Ich sage hiermit nicht, dass all das, was in den Publikationen der Crashpropheten steht, falsch ist. Wenn man sich ihre Argumente anschaut, wird man durchaus vernünftige Dinge finden. Crashpropheten haben oft interessante Dinge zu erzählen. Unter Umständen sind sie sogar sehr unterhaltsam. Als interessierter Börsianer werfe ich seit Jahren hin und wieder mal eine liebevollen, aber distanzierten Blick auf ihre Aussagen. Gleichzeitig möchte ich aber betonen, dass ich manche dieser Aussagen durchaus gefährlich finde. Vor allem dann, wenn beim Leser ein völlig verzerrtes Bild der Wirklichkeit entsteht.

So gibt es den Fall eines bekannten deutschsprachigen Crashpropheten, dem ich auch mal persönlich begegnet bin.

Dieser Mann ist davon überzeugt, dass wir bald vor dem Untergang der gesamten Weltwirtschaft stehen. Wir werden durch einen Crash von biblischem Ausmaß bald auf das Niveau der Steinzeit zurückgebombt werden. Er wartet seit Jahren darauf, dass die angehäuften Schulden der Notenbanken endlich aufliegen und Euro, Dollar und Co. nichts mehr wert sind. In dem Augenblick, so betont er immer wieder, wird die gesamte Weltwirtschaft crashen. Wir werden uns nur noch mit irgendeinem Grundstück auf dem Land retten können, auf dem wir Kartoffeln pflanzen und Hühner züchten.

Nach dem Tagesseminar in einem Hotel, das ich bei ihm gebucht hatte (es war während der Finanzkrise 2008), bin ich bei einer Tasse Kaffee noch eine ganze Weile mit ihm zusammengesessen. Egal welches Argument ich ins Feld führte, er wollte es auf gar keinen Fall gelten lassen. Er hatte immer das richtige Gegenargument, das für seine These und seine Weltsicht sprach, parat. Wir sind dem Untergang geweiht, sagte er, und das einzige, was dein Vermögen noch retten kann, ist, wenn du dein ganzes Geld in Gold und Silber anlegst.

Unnötig zu sagen, dass sämtliche Gold- und Silberhändler auf seiner Webseite unentwegt Anzeigen schalten, aber das nur nebenbei. Es war dem Mann nicht beizukommen. Er war und ist auch heute noch so von seiner Weltsicht überzeugt, dass jeder, der es nur wagt, ihm zu widersprechen, gleich in die Ecke der globalisierten Weltverschwörer gesteckt wird. Auch hier muss ich sagen, dass ich manche seiner Argumente und auch die Informationen, die er immer wieder auf seine Webseite veröffentlicht, interessant finde. Deswegen schaue ich auch hin und wieder hin. Aber ich würde mich nie von einem solchen düsteren Weltbild emotional so nach unten ziehen lassen. Ich würde nie mein ganzes Leben auf das Warten des Weltuntergangs einstellen wollen, selbst wenn er morgen vor der Tür stünde.

Mittlerweile sind mehr als zwölf Jahre vergangen, seitdem ich diesem Mann begegnet bin. Da das Seminar während der sogenannten „Finanzkrise" stattgefunden hatte, glaube ich, dass wir damals alle ein wenig für die Crashpropheten empfänglich waren. Die Nachrichten, die damals über die Ticker liefen, waren dermaßen beängstigend, dass man in der Tat fürchten musste, dass einem der ganze Laden bald um die Ohren fliegen würde. Wie wir heute wissen, ist seit diesem Tag genau das Gegenteil passiert. Ab März 2009 haben die Börsen weltweit wieder zu steigen begonnen und dies sage und schreibe zehn Jahre lang. Wer damals Aktien gekauft hätte, wäre damit sehr gut gefahren. Anders gesagt: Hätte ich auf diesen Herrn gehört, dann hätte ich diese ganze Entwicklung schlicht und einfach verpasst.

Bekanntlich sind Börsenkrisen gleichzeitig riesige Chancen, ein Vermögen zu machen, wenn du in den richtigen Wertpapieren investiert bist. Das Problem ist nur, dass du einen solchen Crash, der im Übrigen meist schnell vonstatten geht und meist auch schnell wieder vorüber ist, nie vorhersagen kannst. Und das ist auch das Tragische am Schicksal dieser Crashpropheten. Ich denke dabei auch an diesen Gold-Guru. Sie müssen ihre Prophezeiungen ständig anpassen, weil sie immer wieder von der Wirklichkeit eingeholt werden.

So liest man dann auf der Webseite des besagten Gold-Gurus immer wieder, dass „die Sache wieder mal verschoben wurde." Es ist also auch diesmal wieder etwas dazwischen gekommen, was den Crash hinauszögert hat. Mit dieser „Sache" ist natürlich der Start des ganz großen

Weltcrashs gemeint, der alle bisherigen Börsenkorrekturen der Geschichte in den Schatten stellen wird.

Das Geschäftsmodell der Crashpropheten ist im Grunde sehr einfach. Sie verkünden eine klare Botschaft, die jede Putzfrau verstehen kann. Darin besteht nun gerade der Charme und die Anziehungskraft eines Crashpropheten. Das war schon im Alten Testament bei den Propheten, die den Untergang Israels vorhersagten, der Fall. Ihre Aussagen sind eindeutig und für jeden klar zu verstehen. Mit anderen Worten: Der Crash besitzt die Gabe, komplexe Zusammenhänge auf einen einzigen Punkt zusammenzubringen. Der Crashprophet ist nun der Mensch, der in der Lage ist, dieses Ereignis in einer einfachen Sprache zu kommunizieren. Diese Fähigkeit solltest du schon haben, wenn du vorhast, Crashprophet zu werden. Von den meisten Crashpropheten geht durchaus eine gewisse Faszination aus. Sie haben in ihrer Unerschütterlichkeit in der Tat etwas von einem biblischen Charisma. Es hat doch etwas, wenn einer daherkommt und einem die Welt mal so richtig gut erklärt.

Das Beste, das dir als Crashprophet passieren kann, ist natürlich, wenn du mit deiner Vorhersage einmal richtig liegst. Das ist in gewissem Maß einem Crashpropheten passiert, den ich auch persönlich kennengelernt habe. Es handelt sich um einen bekannten Blogger, der vor 2007 mehrfach auf die Probleme im Immobiliensektor der Vereinigten Staaten hingewiesen hatte. Und natürlich gilt er seitdem als *der Mann, der die Finanzkrise vorhergesagt hat*. Und diesen Titel weiß er natürlich bestens zu vermarkten. Denn wer die Finanzkrise vorhersagt, muss doch Ahnung haben von Wirtschaft und Börse. Er vermarktet seinen Titel auf geniale Weise und verdient sich eine goldene Nase damit. Die Leute kaufen zuhauf seinen Börsenbrief und hören auf seine Warnungen, auch wenn sich in den zwölf Jahren danach fast nichts von dem ereignet hat, was er vorhergesagt hat. Es spielt keine Rolle. Darfst du einmal einen solchen Titel tragen, ähnlich wie einen adeligen Titel, dann wirst du ihn auch nicht mehr los. Du bist einfach der Crashprophet, der Recht hatte.

Im Übrigen kann ich sagen, dass der Mann, wenn man ihn persönlich kennenlernt, einen durchaus vernünftigen Eindruck macht. Ich hatte in seinem Büro ein längeres Gespräch mit ihm und mein Eindruck war, dass er ein ganz charmanter Kerl ist, mit dem ich auch mal ein Glas Wein trinken würde. Er weiß in Sachen Börse richtig Bescheid. Gleichzeitig ist er ein kluger und strategisch denkender Mensch. Marketing ist die Disziplin, die er am besten beherrscht. Ich wollte natürlich etwas von ihm, als ich ihn besuchte. Aber er hat es geschafft, das ganze Gespräch so zu drehen, dass *er* einen Vorteil aus der Sache hatte. Wie oft ich es in den Monaten danach auch probierte, ihn auf meinen Karren zu bekommen, er schaffte es immer wieder, rechtzeitig abzuspringen und die Angelegenheit so zu drehen, dass er im Vorteil war. Trotz seiner einnehmenden Persönlichkeit ist er ein gerissener Geschäftsmann, der nur eines im Sinn hat: Seinen Vorteil. Er ist derjenige, der immer gewinnt.

Womit verdienen die Crashpropheten nun ihr Geld? Eines der Modelle habe ich bereits vorgestellt: Den Börsenbrief. Dieser kann, wie ich bereits vorgerechnet habe, durchaus sehr lukrativ sein. Hat der Crashprophet Recht bekommen, dann kann sich die Abonnentenzahl schnell mal verdoppeln oder verdreifachen. Wenn du es richtig machst, kannst du somit nicht nur dreitausend oder fünftausend, sondern auch mal zehntausend oder gar dreißigtausend Abonnenten für deinen Newsletter oder deinen Börsenbrief bekommen. Wenn dann der Börsenbrief 200 oder 300 € im Jahr kostet, kann sich jeder ausrechnen, was der Crashprophet damit verdienen kann.

Natürlich sind die großen Anlagethemen für Crashpropheten immer die Edelmetalle und die Sachwerte. Die meisten Crashpropheten werden immer empfehlen, in richtige Sachwerte zu investieren. Sachwerte, so sagen sie, sind das Einzige, was in einer Krise Bestand hat. Das können Immobilien sein, aber in der Regel werden sie für Rohstoffe werben, seien es bestimmte Metalle wie Kupfer und natürlich Gold, Silber oder Platinum. Manchmal empfehlen sie dir sogar, einen Bauernhof zu kaufen. Es braucht dich dann auch nicht zu wundern, dass der Crashprophet entweder im Aufsichtsrat einer Metallgesellschaft sitzt oder gar Miteigentümer einer Firma ist, die sich auf den Verkauf von Edelmetallen spezialisiert hat. Die Aufgabe eines Crashpropheten besteht also darin, die Sprache des Klientels zu sprechen. Diese besteht aus Angst vor einem Crash oder aus Angst vor dem Untergang der Weltwirtschaft. Leute, die Angst haben, ihr Vermögen zu verlieren, gibt es viele.

Crashprophet zu sein kann also ein durchaus lukratives Business bedeuten. Du musst dir aber im Klaren sein, dass noch mehr als mit den sonstigen Börsenbriefen das ganze Business auf die *Person* des Crashpropheten ausgerichtet ist. Alle schauen auf diesen Mann. Er ist es, der den Crash oder den Untergang vorhersagt und so hängen alle an seinen Lippen.

Mit anderen Worten: Um ein Crashprophet zu sein, musst du schon etwas Charismatisches haben. Du musst schon selber an deine Überzeugungen glauben, um diese immer wieder glaubhaft an die Welt verkünden zu können. Das ist die Kraft, aber auch das Schicksal des Crashpropheten, denn eines ist klar: Einmal Crashprophet, immer Crashprophet. Du kannst nicht, wenn du mehrmals den Weltuntergang und das Ende der Zeiten prophezeit hast, auf einmal öffentlich erklären, dass du dich geirrt hast. Du kannst nicht sagen, Gottseidank, es ist doch nicht so schlimm geworden wie ich vorhergesagt habe. Du musst dir auf Gedeih und Verderb ständig düstere Szenarien ausdenken, damit du diejenigen, die dir folgen, auf Trab hältst.

Und das ist gewissermaßen auch das Tragische mancher Crashpropheten, dass sie mit immer drastischeren Katastrophenszenarien aufwarten müssen, damit sie noch glaubwürdig bleiben. Dass das irgendwann auch vom allerletzten Menschen nicht mehr geglaubt wird, ist klar. Man sieht dann auch hin und wieder, dass der eine oder andere Crashprophet still und leise von der Bühne verschwindet und „in Rente geht".

Trotz aller Kritik, die man am Kapitalismus haben kann (und ich habe eine Menge Kritik am Kapitalismus, zumindest an der Art von Kapitalismus, den man uns präsentiert), ist zu sagen, dass bislang nichts aufgetaucht ist, was dieses System ersetzen kann. Und außerdem, stellen wir uns mal vor, die Börse würde tatsächlich um 80 % oder 90 % oder meinetwegen gar um 100 % einbrechen. Alle Aktien und alle anderen Wertpapiere wären auf einmal von heute auf morgen nichts mehr wert. Die Notenbanken würden Trillionen von Dollar und Euro auf den Markt schmeißen und es würde alles nicht nichts mehr helfen. Alle Banken wären pleite und die Regierungen der Welt wären verzweifelt und wüssten nicht mehr, was zu tun. Stellen wir uns dieses Extrem-Szenario einmal vor. Was glaubst du, was dann passieren würde?

Wenn du am nächsten Tag aufwachst, glaubst du, es kommt dann kein Wasser mehr aus der Leitung und du kannst dich nicht mehr duschen? Glaubst du, deine Kaffeemaschine würde auf einmal nicht mehr funktionieren? Glaubst du, wenn du in dein Auto steigst, es würde nicht mehr anspringen und du könntest nicht mehr zu deiner Arbeit fahren? Glaubst du, das Gebäude, in dem das Unternehmen sich befindet, wo du arbeitest, gäbe es auf einmal nicht mehr? Die ganzen Produktionsstätten, die Labors, das ganze Wissen und das ganze Know-how der Universitäten, die Ärzte in den Kliniken, mit anderen Worten, das gesamte Wissen und Können unserer Welt wäre auf einmal am nächsten Tag verschwunden?

Ich denke, die Antwort kannst du dir wohl selber geben: Natürlich nicht. Unsere Welt hat über Jahrhunderte so viel Vermögen, so viel Potenzial und Wissen angehäuft, dass dem selbst der größte Crash der Weltgeschichte nichts anhaben kann. Das muss man einfach mal verstehen, selbst wenn das Finanzsystem total zusammenbrechen würde. Nun, dann erfinden wir halt ein neues. Das ist etwas, was man sich klarmachen muss, damit der ganze Spuk dieser Crashpropheten für ein und allemal vorbei ist, zumindest in deinem Kopf. Machen wir uns nichts vor: Das Geschäftsmodell der Crashpropheten war zu allen Zeiten gleich. Es kann aufregend sein, ihnen mal zuzuhören, aber dann solltest du wieder dein Leben leben. Denn, wie überzeugend manche Vorhersagen auch klingen mögen, in den allermeisten Fällen kommt es eben anders.

Kapitel 7: Broker, das profitabelste Geschäft der Welt

Die meisten Trader verlieren an der Börse. Das ist nun kein großes Geheimnis. Alle bisher erhobenen Statistiken bestätigen diese Tatsache, auch wenn sie traurig ist, sie ist dennoch wahr. Die meisten privaten Trader überschätzen sich selbst und unterschätzen den Markt. Wie man den Markt unterschätzen kann, haben wir während der Corona-Krise wieder mal eindeutig vor Augen geführt bekommen. Zum Glück hatte ich selber keine Position, als der Mai Future-Kontrakt auf das US-amerikanische Rohöl WTI am 20. April 2020 nicht nur auf Null fiel, sondern auf sage und schreibe −42 $ (auf Deutsch: Minus 42 Dollar). Damit war etwas geschehen, was bislang für unmöglich gehalten wurde: Nämlich, dass der Preis für einen Rohstoff auch *negativ* werden konnte, genauso wie die Zinsen seit Jahren negativ sind.

Natürlich war das ein außergewöhnliches Ereignis, das nur kurz dauerte und durch einen Zusammenlauf von mehreren Umständen zustande gekommen war.

Nichtdestotrotz haben sich manche Trader mit diesem Ereignis, das sich im Übrigen innerhalb von wenigen Stunden abspielte, entweder ordentlich ihre Finger verbrannt oder gar ihr gesamtes Trading-Kapital (und mehr) verloren. Deswegen wiederhole ich: Die meisten privaten Trader überschätzen sich selbst und unterschätzen den Markt. Es gibt genügend weitere Beispiele, die diese These belegen können. Ich erinnere an den Short-Squeeze von Oktober 2008 in der Aktie von Volkswagen. Die Aktie stieg innerhalb von zwei Tagen von 200 Euro bis über 1.000 Euro. Es gab genügend Trader, die diese Steigung als völlig übertrieben einstuften (war es auch) und massiv Short gingen. Sie alle wurden bei diesem Short-Squeeze „gegrillt", wie Trader zu sagen pflegen. Und ich erinnere an den Kurssturz des Währungsverhältnisses Euro/Schweizer Franken in Januar 2015. Bei diesem „Frankenschock" wertete der Franken gegenüber dem Euro innerhalb von 30 Minuten um 30 % auf. Ein Riesendebakel für alle, die daran geglaubt hatten, dass die Schweizerische Nationalbank SNB an der Untergrenze von 1,20 festhalten würde. Sie erklärte es öffentlich, dass sie es tun würde, und drei Tage später tat sie das Gegenteil.

Ich will damit keinen Trader davon abhalten, dennoch sein Glück zu versuchen. Wenn du das richtige Risikomanagement und vor allem das richtige Money Management (angemessene Positionshöhe) anwendest und deinen gesunden Menschenverstand benutzt, dann musst du nicht das Opfer eines solchen schwarzen Schwans werden.

Es gibt aber eine Gruppe von „Teilnehmern" an der Börse, die fast immer zu den Gewinnern gehört. Und zu dieser Gruppe gehört *dein Broker*. Nun wirst du vielleicht sagen: Ja, aber ein Broker, das ist ein richtiges Business, während ich als Trader lediglich ein Konto bei ihm eröffnen muss und schon kann ich loslegen. Das ist nun genau der Denkfehler, den viele machen. Trading ist genauso ein Business wie eine Brokerfirma und verlangt genauso viel Vorbereitung, Due Diligence, Disziplin bei der Durchführung und alle die anderen Dingen, die bei der Führung eines guten Unternehmens dazugehören. Trading ist ein Business.

Und gerade deswegen gibt es hin und wieder Trader, die das verstanden haben und einfach die Seite wechseln. Diese Leute haben eingesehen, dass die Energie, die Zeit und die Disziplin, die nötig sind, um ein Trading-Business aufzubauen, in etwa gleich ist, um ein Broker-Business aufzubauen. Mit dem Unterschied, wohlverstanden, dass die Chancen, langfristig Geld zu verdienen, mit einem Broker-Business unendlich viel höher sind als mit einem Trading-Business. Verstehen Sie mich nicht verkehrt. Auch mit einem Broker-Business kann man pleitegehen. Und gerade solche Extrem-Ereignisse, von denen ich vorhin gesprochen habe, können für manche Broker sehr gefährlich werden, wenn sie ihre Hausaufgaben nicht gemacht haben und nicht ausreichend kapitalisiert sind.

Ich will deswegen in diesem Kapitel diese Gruppe der Marktteilnehmer etwas unter die Lupe nehmen, die wir gemeinhin *Broker* nennen. Denn Broker ist nicht gleich Broker.

Wenn also über 90 % der Trader Geld verlieren, wo geht das Geld dann hin? Die Antwort ist klar. Es geht an die 10 %, die gewinnen und natürlich an die Broker. Der Broker steht immer auf der Gewinnerseite. Egal wie gut oder wie schlecht deine Performance ist, der Broker bekommt sein Geld immer. Sei es durch Kommissionen, die er an deinen Transaktionen verdient oder sei es am sogenannten *Spread* im Währungshandel, also an der Differenz zwischen An- und Verkaufspreis.

Die Einblicke in die Broker-Firmen, die ich bekommen habe, haben meine Vermutungen immer bestätigt. Ein Broker-Business ist so ziemlich das profitabelste, was man machen kann. Man muss sich das einfach mal vorstellen: Etablierte Broker haben Tausende Kunden, manche sogar Zehntausende. Von denen gibt es nicht wenige, die täglich an der Börse handeln. Jedes Mal, wenn ein Trader eine Transaktion durchführt, egal ob er kauft oder verkauft, jedes Mal klingelt es in der Kasse des Brokers. Ein Broker-Business ist also eine richtige Geldmaschine. Und sie läuft von Sonntagabend (wenn die Devisenmärkte aufmachen) bis Freitagabend. Mitunter auch nachts, denn manche Trader sind auch an den asiatischen Märkten unterwegs oder handeln einfach mal nachts. Mit anderen Worten, hast du einmal die bürokratischen Hürden genommen, um eine Brokerfirma zu starten, steht dem Geldverdienen nichts mehr im Wege. Eine Brokerfirma floriert natürlich umso mehr, desto mehr Kunden sie hat. Es ist von daher in der Regel ein *volumenbasiertes Business*.

Es gibt aber auch Ausnahmen. Es gibt Broker, die sich auf die sogenannten „Heavy Trader" spezialisiert haben. Das sind Trader, die gut kapitalisiert sind, oft auch gut ausgebildet und viele Transaktionen durchführen. In manchen Fällen können dies schnell mal einige Hunderte Transaktionen pro Tag sein. Interessant sind natürlich auch die Trader, die mit hohem Volumen handeln. Das ist zum Beispiel am Futures-Markt der Fall. Hier gibt es private Trader, die nicht wie die Anfänger mit einem oder zwei Kontrakten in einem Markt handeln, sondern durchaus mit zwanzig, dreißig, fünfzig oder noch mehr Kontrakten unterwegs sind. Unnötig zu sagen, dass solche Trader die interessantesten Kunden überhaupt für einen Broker sind. Und deswegen gibt es Broker, die sich auf diese Art von Kunden spezialisiert haben. Bei diesen Brokern bekommst du nur ein Konto ab einer gewissen Kontogröße. Im Extremfall kann es sich für einen solchen Broker lohnen, lediglich fünf bis zehn Kunden zu haben, um gut leben zu können. Natürlich bekommen diese Kunden den denkbar besten Service. Und oft sind sie auch sehr anspruchsvoll. Ich kenne Leute, die einen solchen Service anbieten und mit einigen Dutzenden Kunden ein sehr profitables Broker-Business aufgebaut haben.

Die meisten Broker dagegen sind volumenbasierte Broker. Es sind die bekannten Namen am Markt, bei denen die meisten Trader ein Konto haben. Hier kommt es wirklich auf die Masse an, denn viele Konten schlafen nach einiger Zeit ein. Das bedeutet, es geschieht bei ihnen nicht viel oder gar nichts. Das Konto ist zwar noch aktiv, aber der Kunde führt keine Transaktionen mehr durch. Der Grund ist meist, weil der Trader sich verspekuliert hat. Oder weil so viele Verluste aufgelaufen sind, dass er sich kaum noch zu handeln traut.

Ein Broker muss also dafür sorgen, dass er immer wieder „frisches Blut" heranschafft. Und deswegen liegt die Hauptaufgabe eines Brokers in der Werbung von Neukunden. Der Broker muss also hinausgehen, um neue Kunden zu finden, damit er das Handelsvolumen bekommt, um seine finanziellen Ziele zu erreichen. Er kann zum Beispiel auf Messen gehen und dort einen (recht teuren) Stand mieten und mit potenziellen Kunden sprechen. Für manche Trader ist es wichtig, dass sie ihren Broker persönlich kennenlernen. Nun ja, meist bekommt man es nur mit dem Verkaufsmanager zu tun. An den Chef kommst du nicht so schnell heran.

Heute spielt sich natürlich vieles im Internet ab. Viele Broker schalten Anzeigen bei Google, die natürlich auf bestimmte Suchbegriffe abgestimmt sind. Die meisten Broker wissen sehr genau, wonach die Trader suchen. Bis vor noch einigen Jahren war eine der effektivsten Methoden, Kunden anzuziehen, das sogenannte *Content Marketing*. Damit sind sämtliche Inhalte, Artikel, Kolumnen gemeint, die sich mit der Börse beschäftigen. Ganze Armeen an „Finanzjournalisten" schreiben im Auftrag eines Brokers Artikel, Analysen oder unterhalten Webseiten, die sich mit der Börse beschäftigen. Zumindest sieht das für den unbedarften Leser so aus. In Wahrheit wurden diese Webseiten nur zu dem Zweck ins Leben gerufen, um potenzielle Kunden für den Broker anzuziehen. Und es ist völlig egal, worum es geht. Diese Leute mögen über Trading-Strategien schreiben, Tipps geben, Marktberichte verfassen, kurz, all das, was Trader interessieren könnte. Entweder wird dieser Content vom Broker selber ins Internet gestellt oder von Leuten, die diesem Broker zuarbeiten.

Wenn man da ein bisschen recherchiert, fällt einem das auch gleich auf. Nach meiner Einschätzung stehen über 90 % des Contents im Internet im Bereich Trading in irgendeiner Form mit einem Broker in Verbindung. Es ist manchmal schwer, noch etwas zu finden, das von einem unabhängigen Journalisten geschrieben wurde und nicht dazu dient, dich zu diesem oder jenem Broker zu ziehen. Die meisten Artikel, die im Internet zu bestimmten Trading-Themen veröffentlicht wurden, haben nur den Zweck, den Leser auf die Webseite des Brokers in der Hoffnung zu führen, ihn zu einem Kunden zu konvertieren. Diese Inflationierung von Content hat natürlich dazu geführt, dass im Laufe der Jahre die Sache immer weniger profitabel wurde. Viele Broker sind daher wieder zum üblichen Anzeigen-Geschäft übergegangen. Das kostet zwar auch Geld, ist aber kalkulierbarer als der Kauf von Trading-Artikeln. Neuerdings sind außer Google auch Facebook und Instagram die beliebtesten Jagdgebiete für Broker.

Man sollte sich die Brokerindustrie also nicht zu romantisch vorstellen. Es ist ein knallhartes Geschäft und die Konkurrenz wächst von Jahr zu Jahr. Das braucht auch nicht zu wundern, weil das Geschäft nun mal sehr profitabel ist, wenn es läuft. Nichtdestotrotz sollte man sich klarmachen, dass die Kosten für die Akquisition eines einzigen Kunden hoch sein können. Im angelsächsischen

Bereich liegen sie zwischen $ 1.000 und $ 1.500. Dieses Geld muss natürlich irgendwann mal wieder eingespielt werden. Aber sage nun selber: Würdest du $ 1.000 ausgeben, wenn du im Schnitt $ 2.500 (durchschnittliche Höhe eines Trading-Accounts) zurückbekommen würdest? Ich denke schon, oder?

Bekanntlich sind die meisten Broker hierzulande sogenannte *Introducing Broker (IBs)*. Dieser Typus von Broker stellt einfach eine Filiale eines Mutterhauses dar. Mit anderen Worten, ein IB bekommt die ganze Infrastruktur des Mutterhauses zur Verfügung gestellt. Die Aufgabe eines IBs ist es dann, einen eigenen Kundenstamm aufzubauen. Er kann sich von der Konkurrenz unterscheiden, indem er einen bestimmten Service anbietet. Dieser Service kann natürlich in Form einer guten Betreuung von Neukunden oder Bestandskunden bestehen. Manche Broker bieten fortwährend Fortbildungen in Form von Seminaren und Webinaren an. Andere haben Trading-Signale, die Trader auf ihren Konten nachbilden können.

Nicht selten ist ein Broker sogar ein Ein-Mann oder ein Eine-Frau-Geschäft. Ich kenne mehrere solche Broker. Es kann sehr profitabel sein, wenn du es verstehst, dich und dein Geschäft gut zu vermarkten. Es ist also keineswegs notwendig, ein ganzes Team aufzubauen und Leute einzustellen. Ab einer bestimmten Größe geht es natürlich nicht mehr anders. Aber manchmal ist „klein aber fein" die bessere Idee.

Neben der Formel „Introducing Broker" besteht eine zweite Möglichkeit mit dem sogenannten *White Label*. In diesem Fall benutzt du zwar auch, genauso wie beim Introducing Broker, die Infrastruktur des Mutterhauses, aber du klebst eine eigene Marke darauf. Dann setzt du im Grunde eine eigenständige Brokerfirma auf. In der Regel ist das Einkommenspotenzial eines White Labels größer als das eines Introducing Brokers. Introducing Broker sind so verstanden nichts anderes als Marketingagenturen, die Trader für das Mutterhaus rekrutieren. Die Gründung und Betriebskosten eines IB-Geschäfts sind daher viel niedriger als bei einem regulären Broker. Der IB kann sich ganz auf seinen lokalen Markt konzentrieren oder kalkuliert Geld in Werbung investieren, um Kunden an Land zu ziehen.

Ein White Label dagegen ist eine Art Vereinbarung, dass man die Handelsplattform eines anderen Brokers so vermarkten darf, als wäre sie die eigene. Eines der bekanntesten Beispiele am Markt ist die Handelsplattform TWS von „Interactive Brokers". Dieses Unternehmen, das selber auch an der Börse notiert ist, hat es geschafft, weltweit Filialen aufzubauen, die genau auf diese Infrastruktur setzen. Sie mögen oft unter einem anderen Namen auftreten. Sobald du etwas genauer hinschaust, siehst du, dass die Plattform TWS ist, also die Interactive Brokers-Software. Nicht von ungefähr ist dieses Unternehmen eine der größten Brokerfirmen der Welt.

Im Grunde kann jeder an einen Broker herantreten, der die Möglichkeit eines Introducing Broker-Programms oder ein White Label anbietet. Wenn du mit dieser Idee spielst, solltest du dir natürlich die Zeit nehmen, um die verschiedenen Angebote genau zu prüfen. Manche Broker verlangen, dass du einen gewissen Kundenstamm (50 oder 100 Personen) mitbringst, bevor du startest und überhaupt Zugang zu ihrem IB-Programm erhältst. Das soll natürlich Amateure fernhalten, die es mal eben probieren wollen, aber von denen nicht viel zu erwarten ist.

Aus eigener Erfahrung kann ich sagen, dass die Jungs einen ziemlich scharfen Blick dafür haben, ob du das Potenzial hast, für sie Kunden zu generieren. Hast du es und kannst es auch unter Beweis stellen, dann kannst du auch davon ausgehen, dass du mit wachsendem Geschäft zunehmend mehr Unterstützung des Haupthauses erfahren wirst. Natürlich ist ein Broker interessiert, wenn jemand an ihn herantritt und ihm ein gutes Geschäft anbietet. Wieviel vom Kuchen du bekommen wirst (in der Regel ein Prozentsatz der Kommissionen), wird meist vorab vereinbart. Wenn du einen flexiblen Vertrag hast, kann sich dein Anteil vergrößern, solltest du beweisen können, dass du in der Lage bist, Neukunden zu akquirieren, wie auch immer.

Auf diese Weise kannst du durchaus ein eigenes Broker-Business aufbauen. Du musst dir immer darüber im Klaren sein, dass du ganz und gar nicht am Anfang der Nahrungskette stehst. Am Anfang der Nahrungskette stehen natürlich die Börsen selbst. Sie sind diejenigen, die das Spiel erfunden haben und es auch besitzen. Die Börsen sitzen auch nicht still. Wenn sie können, kaufen sie andere Börsen auf. Im Jahr 2000 taten sich die Börsen von Paris, Amsterdam und Brüssel zusammen und gründeten die Euronext. Anfang 2002 holten sie sich die portugiesische Börse und dann die Londoner Terminbörse LIFFE. Auch die Deutsche Börse sitzt nicht still da und guckt zu. Sie hat in den letzten 20 Jahren mehrere Versuche unternommen, andere Börsen zu angeln, die aber alle scheiterten. Sie versuchte es mit dem Euronext, der SIX Swiss Exchange, der Borsa Italiana und der London Stock Exchange Group. Wie man sieht, geht es am Anfang der Nahrungskette hoch her. Kein Wunder, hier ist auch das meiste Geld zu holen.

Nicht weniger bunt geht es an zweiter Stelle der Nahrungskette zu, bei den sogenannten *Prime Broker*, also den ganz großen Häusern, die entweder von großen Banken gehalten werden oder selbst größere Finanzinstitute sind. Um hier mitzuspielen, bedarf es natürlich bedeutenderer Ressourcen. Die Mehrheit der Kunden besteht aus Großanlegern und Institutionen. Hedgefonds zum Beispiel erfüllen häufig die Voraussetzungen. Die Mindestkontogröße für die Eröffnung beträgt 500.000 Dollar. Allerdings kommst du mit dieser mickrigen Summe auf diesem Level nicht weit. Wenn du wirklich die Konditionen bekommen willst, die Prime Broker anbieten, solltest du schon 50 Millionen Dollar mitbringen. Die allerbesten Konditionen bekommt man erst ab einer Kontogröße von etwa 200 Millionen Dollar. Damit ist klar, dass Prime Broker nur mit institutionellen Partnern zusammenarbeiten. An Privatkunden sind sie in der Regel nicht interessiert, weil sie meist zu klein sind.

Für diese Gruppe sind die üblichen Broker zuständig. Das sind die Namen, die du kennst. Sie kümmern sich um das sogenannte Retail-Geschäft (Privatkundengeschäft). Sie erhalten bessere Konditionen als du dank ihres Mutterhauses, das meist Kunde eines Prime Brokers ist. In der Differenz zwischen diesen Konditionen und dem, was sie schließlich ihren Kunden geben, liegt der Gewinn.

Willst du nun daran partizipieren, zum Beispiel mit einem Introducing-Broker-Vertrag, dann wird der Broker natürlich wiederum ein Stück vom Kuchen an dich abgeben müssen. Und ganz am Ende der Nahrungskette steht natürlich der Kunde selbst. Er ist derjenige, der die ganze Maschine am Leben erhält.

Egal für welches Modell du dich entscheidest, du wirst auf jeden Fall eine Broker-Lizenz brauchen, in der Regel die Lizenz des Landes, in dem du aktiv wirst. In Deutschland ist dies die Lizenz der BaFin. Natürlich gibt es Länder, in denen die Lizenz etwas einfacher (und mit deutlich geringeren Kosten) zu erwerben ist als zum Beispiel in Deutschland. Bei nicht wenigen Forex-Brokern wirst du zum Beispiel feststellen, dass sie ihren Sitz gar nicht in Deutschland, sondern zum Beispiel auf Zypern haben. Die

CySEC ist die Finanzaufsicht Zyperns. Viele Online-Broker haben eine Lizenz der CySEC. Vielleicht denkst du, dass Zypern ein Steuerparadies ist, aber seit Zypern auch Teil der Europäischen Union geworden ist und auch dort der Euro eingeführt wurde, gilt auch für eine zypriotische Lizenz, dass sie recht streng ist.

Die Bedingungen, die an eine Lizenz geknüpft sind, sind eben von Land zu Land unterschiedlich, und die Regulierung ändert sich auch immer wieder. Natürlich flößt eine BaFin-Lizenz zunächst ein größeres Vertrauen ein, als wenn deine Firma zum Beispiel eine Lizenz aus Gibraltar oder Malta hätte. Aber allzu sehr würde ich mich darauf nicht verlassen. Manche Broker werben zwar immer wieder mit der Tatsache, dass sie „harte" Lizenzen haben. Meine Erfahrung ist aber, dass die meisten Kunden sowieso darauf pfeifen, woher die Lizenz des Brokers stammt.

Hast du einmal die Lizenz und eine gute Webseite, kann es losgehen. Es hängt dann fast nur von deinen Marketingfähigkeiten ab, wie reich du wirst. Bist du gut, steht dir als Broker nichts im Wege, Millionär zu werden.

Kapitel 8: Mit Affiliate Marketing in den Online-Himmel

Wenn du keine Lust hast, eine eigene Brokerfirma zu starten, gibt es durchaus Alternativen. Eine von denen ist das sogenannte *Affiliate Marketing*. Wenn dir der Begriff nichts sagt oder dich gar abschreckt, macht nichts, einfach weiterlesen. Affiliate Marketing ist nichts anderes, als dass du eine Empfehlung aussprichst. Du empfiehlst einem Freund oder einem anderen Menschen ein Produkt, das du selber nicht hergestellt hast. Im Grunde genommen machen wir das ständig. Wenn wir ein Problem haben oder nach etwas auf der Suche sind und nicht sicher sind, welche der Angebote wir wählen sollen, dann rufen wir gern einen Freund an und fragen ihn. Und genauso geschieht es mit Affiliate Marketing im Bereich Börse.

Die bekanntesten Affiliate Broker sind Forex-Broker. Aber das muss nicht immer der Fall sein. Auch wenn dein Broker kein Affiliate-Programm auf seiner Webseite anbietet, heißt das noch lange nicht, dass er daran nicht interessiert wäre. Einfach mal anrufen und fragen, ob er auch mit Empfehlungsgebern arbeitet, und du wirst schon eine Antwort bekommen. Zwar setzen viele Broker auf das eigene Marketing, um neue Kunden zu generieren, aber manche von ihnen haben im Haus sogar eigene Abteilungen, die nur damit beschäftigt sind, die sogenannten Affiliate Marketeers zu betreuen. Gerade für Forex-Broker lohnt sich das ungemein. Auch hier stellt der Broker wieder die ganze Infrastruktur zur Verfügung und hilft dir unter Umständen sogar beim Aufbau deines Affiliate Marketing-Geschäfts.

Nun ist es natürlich so - wie bei jedem Geschäft -, dass es Leute gibt, die damit erfolgreich sind und andere nicht. Das ist bei Affiliate Marketing nicht anders. Ich kann aus eigener Erfahrung sagen, dass Affiliate Marketing sehr lukrativ sein kann, wenn man sich darauf konzentriert. Ich habe es eine Weile für einen Broker gemacht und dann festgestellt, dass ich nicht gut darin bin, obwohl es außergewöhnlich gut lief. Ich hatte zum Beispiel einen Kunden an einen Futures-Broker empfohlen, der sich auf das Daytrading mit Crude Oil-Futures spezialisiert hatte. Der Trader war ungeheuer ehrgeizig und auch richtig gut. Mit zunehmendem Erfolg und Trading-Einnahmen konnte er die Höhe seiner Positionen nach und nach steigern. Irgendwann ging er mit zwanzig bis dreißig Ölkontrakten in den Markt.

Er kaufte sie nicht alle auf einmal, sondern stieg gestaffelt ein und auch wieder aus. Das war es nun genau, was den Erfolg seiner Methode ausmachte. Er war ein Trader, der begriffen hatte, dass es so etwas wie einen „idealen Einstiegspunkt und einen idealen Ausstiegspunkt" gar nicht gibt. Er hatte verstanden, dass Trading vor allem mit Risikomanagement zu tun hatte. Und dieser Trader war darin sehr gut. Da er mehrere Stunden am Tag handelte, kam er schnell auf 50 bis 100 Transaktionen pro Tag. Da ich ihn dem Broker empfohlen hatte, war ich also um einen bestimmten Prozentsatz an seinen Transaktionen beteiligt. Es gab Monate, in denen ich allein an diesem einen Trader zwischen 1.000 und 2.000 Euro verdient habe.

Natürlich sind solche Trader Ausnahmen. Aber es gibt sie. Ich brauche dem Leser wohl kaum auszumalen, was es bedeuten würde, wenn man als Empfehlungsgeber oder Affiliate Marketeer in der Lage wäre, drei oder fünf solche Trader an Land zu ziehen. Nun sollte man sich das nicht so leicht vorstellen. Diese Trader wissen in der Regel um ihren Wert. Sie sind im Verhandeln die härtesten, die man sich denken kann. Und so war es auch mit dem Crude-Trader, den ich empfohlen hatte. Je größer sein Umsatz wurde, desto anspruchsvoller wurde er.

Er wusste natürlich genau, wie viel Kommission der Broker mit ihm machte.

Es ging jeden Monat in die Tausende und näherte sich bald an die unglaubliche Summe von 10.000 Euro (allein Kommissionen!). Für diesen Mann existierte so etwas wie eine „Gebührenordnung" oder eine „Gebührentabelle" nicht. Er forderte, dass man ihm immer mehr entgegenkam. Nun kannst du, wenn du Umsatz machst, immer mit einem Broker verhandeln. Aber die Art und Weise, wie dieser Trader an seiner Kostenstruktur arbeitete, habe ich nie erlebt. Die Verhandlungen zwischen ihm, mir und dem Broker, in denen er immer wieder neue Forderungen stellte, zogen sich über Wochen hin. Der Broker kam ihm entgegen, weil er natürlich ein äußerst lukrativer Kunde war. Aber da er immer höhere Forderungen stellte (sprich: Günstigere Kommissionen), sagte mir der Verkaufsmanager des Brokers eines Tages am Telefon klipp und klar, dass ein Ende erreicht sei, egal wie viel der Kunde handelte. Er nannte mir den niedrigsten Preis, den er bereit war, ihm anzubieten. Tiefer wollte er nicht mehr gehen. Zu diesem Zeitpunkt zahlte dieser Trader nur noch einen Bruchteil der üblichen Kommissionen. Es war geradezu lächerlich. Und dennoch verhandelte dieser Mann weiter. Da der Broker nicht weiter mit sich reden ließ, zog der Trader das Geld von seinem Konto ab und versuchte sein Glück woanders.

Ich erzähle diese Story, weil sie die Macht des Traders anschaulich macht. Wenn du einmal Volumen handelst, dann kannst du wirklich Forderungen stellen. Und die meisten Broker, glaube mir, werden nachgeben. Sie wollen diese Kunden haben. Natürlich trieb es dieser Trader bis zum Äußersten. Er protzte sogar damit, dass er zehn von seinen Trader-Freunden mitbringen würde, wenn der Broker auf seine Forderungen eingehen würde. Der Broker hat sich darauf nicht eingelassen und aus der Sache wurde nichts.

Diese Fälle sind Ausnahmen. In aller Regel werden die meisten Trader, die du als Affiliate Marketeer an Land ziehst, nicht aus diesem Holz geschnitten sein. Wenn es im Allgemeinen gilt, dass die meisten Trader nach spätestens sechs Monaten ihr Geld verspielt haben, gilt das natürlich auch für dich als Affiliate Marketeer. Es ist also eine Illusion zu glauben, dass, wenn du einmal einen Trader empfohlen hast, er auf Jahre hinaus dein Kunde bleiben wird. Das mag für einzelne Trader gelten, für die Mehrheit ist dies nicht der Fall.

Du wirst als Affiliate Marketeer genauso wie jeder andere Broker immer wieder neue Kunden an Land ziehen müssen, wenn dein Geschäft Bestand haben soll.

Wie funktioniert das Geschäft eines Affiliate Marketeers nun? Es ist im Grunde ganz einfach und viel weniger bürokratisch, als wenn du selber Broker werden würdest. Hast du dich für einen bestimmten Broker entschieden, schließt du mit ihm einen Affiliate-Vertrag ab. Wie du an deine Kunden herankommst, ist natürlich deine Sache. Du kannst eine Webseite betreiben, auf denen du interessante Informationen über die Börse postest. Du kannst natürlich selber Anzeigen schalten oder einen YouTube-Kanal aufmachen. Manche entwickeln eigene Trading-Strategien oder bieten gar Trading-Signale an. Es sind der Phantasie keine Grenzen gesetzt.

Du kannst selber als Trading-Experte oder als Forex-Spezialist auftreten, indem du guten Content über diese Themen auf deiner Webseite oder deinem Blog veröffentlichst. In diesem Fall etablierst du dich sozusagen selbst als Autorität auf dem Gebiet. Das setzt natürlich voraus, dass du über mehrjährige Trading-Erfahrung verfügst und auch etwas Sinnvolles zu diesem Thema beizutragen hast. Als Anfänger hast du dies in aller Regel nicht. Da, wie bereits erwähnt, in den letzten Jahren so viel Content im Internet veröffentlicht wurde, solltest du schon etwas Interessantes zu erzählen haben, um dich von der Konkurrenz abzuheben. Wenn du glaubst, einfach nur irgendwelche Sachen zu kopieren oder meinetwegen aus dem Ausland von Ghostwritern schreiben zu lassen, dürfte es schwierig werden.

In diesem Geschäft ist Vertrauen alles. Die Menschen müssen dir vertrauen können, gerade wenn es um finanzielle Themen geht. Und dieses Vertrauen kannst du nur gewinnen, wenn du vertrauenswürdig bist. Anders gesagt: Wenn du lebst, was du sagst, und tust, was du behauptest.

Wenn du diese Voraussetzungen nicht erfüllst, gibt es durchaus auch andere Wege, ein Affiliate-Business aufzubauen. Manche schalten einfach Anzeigen bei Google, Facebook oder Instagram. Durch einen Link weiß der Broker, dass dieser oder jener Kunde über deine Empfehlung ein Konto eröffnet hat. So einfach kann es sein. Wer sich in dieses Thema einarbeiten will, kann damit durchaus Erfolg haben, aber einfach ist es nicht. Es gibt viele, die es bereits machen, und du solltest nicht vergessen, dass der Broker unter Umständen selber über Anzeigen versucht, neue Kunden zu generieren. Du trittst also gegen deinen eigenen Broker an.

Und die Anzahl der Trader oder Forex-Trader ist nun auch nicht unbegrenzt.

Sobald du einen Kunden gewonnen hast und er Geld auf das Konto überweist und zu traden anfängt, bist du an jeder Transaktion dieses Kunden beteiligt. Handelt er viel, wirst du viel an diesem Kunden verdienen. Handelt er wenig, dann eben wenig. Unnötig zu sagen, dass, je mehr Kunden du an Land ziehst, desto größer deine Chancen werden, dass du Geld verdienen wirst. Profi-Affiliates können Zehntausende im Monat verdienen. Aber das sind Leute, die wirklich etwas von Online-Marketing verstehen. Es ist möglich, eines Tages zu dieser Gruppe zu gehören. Aber es ist harte Arbeit.

Eine Warnung sollte dennoch ausgesprochen werden. Beschränkst du dich auf einen Broker und dieser schließt eines Tages die Türen oder macht Pleite, hast du keinen Rechtsanspruch auf die Kunden, die du für diesen Broker geworben hast. Das muss dir klar sein. Hältst du persönlichen Kontakt zu deinen Kunden (zum Beispiel via E-Mail), kannst du vielleicht einen Teil von ihnen zu deinem neuen Broker herüberholen. Aber wenn ich ein Affiliate-Business starten würde, würde ich nicht alles auf ein Pferd setzen. Ich würde Verträge mit mehreren Brokern abschließen und meinen Kunden die Wahl lassen, bei welchem von ihnen sie ein Konto aufmachen wollen.

Trotz dieser Warnung bin ich der Meinung, dass Affiliate Marketing ein gutes Einstiegs-Business für Leute ist, die sich im Online-Marketing ein zweites Standbein aufbauen oder mal das Wasser testen wollen. Wenn es nicht klappt, verlierst du auch nicht viel (außer deiner Zeit natürlich).

Es ist mir durchaus bewusst, dass Affiliate Marketing bei vielen keine allzu gute Presse hat. Schaust du aber bei erfolgreichen Online-Unternehmern genau hin, wirst du oft feststellen, dass der größte Teil des Umsatzes mit Affiliate Marketing erwirtschaftet wurde. Es ist nun mal viel schwerer, selber ein erfolgreiches Produkt auf den Markt zu bringen als ein bereits erfolgreiches Produkt weiter zu empfehlen. Wenn etwas gut ist, spricht die Sache für sich. Du bist lediglich der Empfehlungsgeber. Ein iPhone braucht man eigentlich gar nicht erst bewerben. Jedes Kind weiß, dass das Ding gut ist. Und deswegen empfehle ich, solltest du diesen Weg wählen wollen, dass du dir Zeit nimmst, jenen Broker auszusuchen, mit dem du am besten deine Ziele erreichen kannst. Natürlich solltest du auch auf das Vergütungsmodell schauen, ob es überhaupt Sinn macht.

Aber viel wichtiger in meinen Augen ist die Frage, ob du dem Broker vertrauen kannst.

Wie lange ist er schon im Markt? Wie viele Lizenzen hat er (gute Broker haben in der Regel mehrere erstklassige Lizenzen)? Das mag vielleicht die Kunden nicht interessieren, du solltest dich dafür aber schon interessieren, denn es zeigt, wie ernsthaft der Broker ist. Gerade bei europäischen oder amerikanischen Aufsichtsbehörden musst du dich schon sehr dumm anstellen, um deine Lizenz zu verlieren. Es ist schon schwer und bürokratisch genug, erst mal eine zu bekommen.

Die nächste Frage, die ich mir stellen würde, wäre: Wie hat dieser Broker Krisensituationen am Markt überstanden? Gab es Probleme mit Kunden? Hat er zum Beispiel während der Finanzkrise Liquiditätsprobleme bekommen?

All diese Fragen sind in meinen Augen wichtiger als ein Broker, der dir ein Vergütungsmodell anbietet, bei dem dir der Saft aus dem Mund trieft, aber von dem du nicht weißt, ob es ihn in einem Jahr noch gibt. Schau also genau hin und entscheide dich nicht zu früh.

Ein anderer nicht unwesentlicher Aspekt ist die Qualität des Back Office. Verfügt der Broker über eine Art Software, bei der du als Affiliate deine Umsätze in Realtime beobachten kannst? Wenn dir der Broker lediglich am Ende des Monats einen Kontoauszug schickt und du erst dann feststellen kannst, wie viel du gemacht hast, ist das zwar nett, aber nicht gerade vertrauenswürdig. Gute Affiliate-Programme verfügen deswegen über komplett automatisierte Back Office-Systeme. Das sollte heutzutage eigentlich kein Problem mehr darstellen.

Affiliate Marketing ist also durchaus eine Alternative, wenn du nicht selber als Broker auftreten willst. Es ist ein Business, das du von überall in der Welt machen kannst (also auch von einem exotischen Strand auf den Philippinen oder Thailand aus, wenn es sein muss). Du brauchst lediglich einen Laptop und eine Internet-Verbindung (ist in beiden genannten Ländern oft besser als in Deutschland). Ich bin überzeugt, dass man auch heute noch damit erfolgreich sein kann. Du brauchst kein Büro, keine Angestellten und du musst nicht mal selber traden. Du musst dich aber gründlich mit dem Thema Online-Marketing auseinandersetzen. Nimmst du dir die Zeit dazu und bist du bereit zu lernen, dann kannst du damit durchaus ein sehr lukratives Online-Business aufbauen.

Kapitel 9: Die Börsenmagazin-Millionäre

Die nächste Geschäftsidee, um Geld *mit* der Börse zu verdienen, ist das Börsenmagazin. Bekanntlich ist der deutschsprachige Raum reich an dieser Art von Publikationen. Es gibt sie in jeglicher Form, sowohl elektronisch als auch immer noch in gedruckter Form. Wer gedacht hätte, dass die elektronische Form im Publishing innerhalb von wenigen Jahren alle Print-Medien vom Markt wegfegen würde, wurde nach und nach eines Besseren belehrt. Zumindest hierzulande muss man feststellen, dass der deutsche Kunde am Kiosk immer wieder gerne zu einem Wochenblatt oder einem Magazin greift, das seinem Hobby gewidmet ist. Und bei den Börsianern ist es nicht anders.

Auch Börsianer und Trader haben ihre eigenen Blätter, die sie nach wie vor fleißig kaufen. Dazu braucht es – anders als man vielleicht vermuten würde – noch nicht mal besonders hohe Auflagen. Wenn du als Herausgeber eines Börsenmagazins eine bestimmte Nische innerhalb des Börsenuniversums erreichen kannst, kannst du auch mit Auflagen von einigen tausend Exemplaren erfolgreich sein. Sehr erfolgreich sogar. Du musst also nicht gleich ein Klon der bekannten Platzhirsche „Capital", „Börse Online" oder „Euro am Sonntag" werden. Es ist ohnehin sehr schwer, ohne reichlich Kapital in diesem Segment Fuß zu fassen. Empfehlen würde ich es keinesfalls.

Interessanter und auch erfolgreicher scheint mir, wenn du es schaffst, für einen gewissen Teilbereich der Börse eine Leserschaft zu gewinnen. Das ist manchen zum Beispiel im Bereich Rohstoffe gelungen oder beim Thema Minenaktien. Möglich ist es auch, wenn du über Spezialwissen im Bereich Derivate oder Zertifikate verfügst.

Der Grund ist einfach. Das Geschäftsmodell eines Börsenmagazins besteht nicht, wie vielleicht viele vermuten, im Verkauf des Magazins. Nun ja, am Verkauf verdient der Herausgeber vielleicht auch ein bisschen, aber in der Regel wird dies nur einen Bruchteil der Einnahmen ausmachen. Das eigentliche Geschäftsmodell eines Börsenmagazins ist das Anzeigengeschäft. Zeitschriften, Zeitungen und Magazine verdienen Geld, indem sie für relevante Kunden Anzeigen schalten. Deswegen sollten wir das Anzeigengeschäft etwas unter die Lupe nehmen und dazu tauchen wir in die sogenannten *Mediadaten* eines Börsenmagazins ein.

Die Mediadaten oder Media-Informationen findest du meist, wenn du auf der Webseite des Magazins vollständig nach unten scrollst. Jedes Magazin macht es auf seine Art, aber in der Regel findest du in den Mediadaten genau die Informationen, die du brauchst, wenn du eine Anzeige in dem Blatt schalten möchtest. Du findest den richtigen Ansprechpartner im Haus. Du findest heraus, wie oft das Magazin erscheint, wie viele Leser das Magazin hat (oft geschönt). Manchmal sagen dir die Mediadaten sogar, an welche Altersgruppe (männlich/weiblich) sich das Magazin wendet. Und schließlich findest du auch die verschiedenen Anzeigenformate und Preise.

Und hier wird es natürlich interessant. Bei kleinen Blättern geht es für eine ganze Seite ab 4.000 € pro Ausgabe los. Für eine halbe Seite zahlst du dann vielleicht 2.500 € oder 1.900 €. Dies sind Preise für die kleinen Magazine, also Blätter mit Auflagen von einigen wenigen tausend Lesern. Schaust du dir die Anzeigenformate und Preise der großen Magazine an, wirst du schnell merken, dass die Preise ein ganz schönes Stück höher liegen. Hier werden schnell mal 8.000 bis 10.000 € für eine ganzseitige Anzeige fällig. Oder für eine halbe Seite 5.000 € oder mehr.

Natürlich haben die bekannteren Magazine deutlich mehr Leser und Abonnenten als die kleinen spezialisierten

Zeitschriften, die man meist nur an den großen Bahnhöfen vorfindet. Die Auflagen der Großen können durchaus mal das Zehnfache ausmachen von dem, was ein kleineres Nischenmagazin vorzeigen kann. Nun ist der Aufwand, ein bekanntes Magazin am Leben zu halten, unendlich größer als bei einem Nischenmagazin. Wenn es um die Profitabilität dieses Geschäfts geht, stellt sich durchaus die Frage, wer hier besser abschneidet.

Schauen wir uns als Beispiel ein Nischenmagazin mit 4.000 Abonnenten an. Gehen wir davon aus, dass es sich um ein Monatsblatt handelt. Es erscheint also zwölfmal im Jahr. 4.000 Leute haben das Blatt abonniert und am Kiosk werden dann auch noch mal 1.000 Stück verkauft. Man kann also davon ausgehen, dass in etwa 5.000 Leser das Magazin regelmäßig beziehen. Wir gehen davon aus, dass das Blatt pro Ausgabe 60 Seiten hat.

Als Leser eines Börsenmagazins bist du natürlich an den Inhalten des Magazins interessiert. Vielleicht wurdest du vom Cover oder vom Titel der jeweiligen Ausgabe angezogen. Du überfliegst das Inhaltsverzeichnis und findest vielleicht ein oder zwei Artikel, die du interessant findest. Also kaufst du das Blatt.

Wer die Geschäftsseite eines Börsenmagazins betrachtet, schaut sich so ein Magazin ganz anders an. Er schaut nicht auf den Inhalt, sondern auf die Größe und die Anzahl der Anzeigen, die geschaltet wurden, denn hier ist das Geld. Vor allem schaust du auf die Anzahl der ganzseitigen Anzeigen. Stellst du zum Beispiel fest, dass die Ausgabe zehn ganzseitige Anzeigen enthält und du weißt, dass eine Anzeige in etwa 4.000 € kostet, dann begreifst du schnell, womit der Herausgeber eines Börsenblattes sein Geld verdient. Stellt sich der Herausgeber als guter Anzeigenverkäufer heraus, dann können die Bruttoeinnahmen des Anzeigengeschäfts schnell in die Zehntausende gehen. Monatlich. Bei den großen Blättern können es auch schnell sechsstellige Beträge sein, die monatlich hereinkommen, zumal manche Magazine wöchentlich erscheinen.

Wie sieht es nun bei der Ausgabenseite eines Börsenmagazins aus? Nun, hier schlägt auch einiges zu Buche. Zum einen brauchst du gute Autoren, die für dich schreiben. Die lassen sich unter den Börsianern und Tradern finden. Fast jeder ist ein bisschen eitel. Wenn du sagen kannst, dass du einen Artikel über deine Trading-Strategie verfasst hast, der im XZY erschienen ist, kannst du damit hausieren gehen. Diese Eitelkeit schlachten die Herausgeber der Börsenmagazine gnadenlos aus.

Viel mehr als ein Almosen von 200 oder 300 € pro Artikel wird Autor hier nicht bekommen, zumindest nicht bei den kleineren Blättern. Manchmal zahlen Blätter gar nichts. Es sei doch eine „Ehre", wenn man für unser Blatt schreiben darf, heißt es dann. Und Sie als Autor bekommen dadurch doch eine Menge Werbung.

Unnötig zu sagen, dass du dich darauf nicht einlassen solltest, es sei denn, du hast etwas zu verkaufen, was im Artikel auch erwähnt wird. Dann kann das in der Tat eine gute Werbung für dich sein.

Die Kosten für den Inhalt des Magazins halten sich also durchaus in Grenzen und beziffern sich vielleicht auf einige tausend Euro im Monat. Aber ein Herausgeber hat natürlich weitere Ausgaben wie zum Beispiel das Layout des Blattes selbst. Je nachdem, wie aufwändig dieses gestaltet ist, sollte es schon von einem professionellen Layouter gemacht werden. Manche Häuser haben daher einen eigenen Layouter, der diese Aufgabe für sie erledigt. Du brauchst natürlich auch einen Korrektor, denn ein Gelegenheitsautor, der einen Text in einem einwandfreien Deutsch abliefert, wird schwer zu finden sein. Jeder macht Fehler. Dann gibt es die Ausgaben für die Personen, die für das Anzeigengeschäft zuständig sind. Das könnte jemand im Haus sein, der sich ausschließlich damit beschäftigt, oder es könnte bei den kleinen Blättern der Herausgeber selber sein. Irgendwoher müssen die Kunden schon kommen.

Wer sind nun die Kunden, die Anzeigen in einem Börsenblatt schalten? Das ist relativ leicht herauszufinden. Du brauchst nur ein Börsenblatt aufzumachen und dir die Anzeigen anzuschauen. Es kann eine Vermögensverwaltung sein oder ein Softwareverkäufer. Es könnte zum Beispiel eine Agentur sein, die auf Premium-Immobilien spezialisiert ist. Natürlich kann es auch eine Bank sein oder ein Fonds. Sogar die Börsen selbst schalten gelegentlich Anzeigen in Börsenmagazinen. Und es gibt nicht wenige andere Zeitschriften oder Börsenmagazine, die Anzeigen schalten, um auf ihr eigenes Magazin aufmerksam zu machen. Es könnte die Anzeige für eine Börsenmesse sein, die demnächst stattfinden wird. Last but not least sind natürlich die Broker immer wieder daran interessiert, Kunden zu gewinnen. Also wirst du in spezialisierten Blättern meist auch Anzeigen von Brokern finden.

Der Beruf des Börsenmagazin-Herausgebers stellt sich demnach etwas weniger glamourös dar als man zunächst vermuten durfte. Diese Person ist an erster Stelle ein Anzeigenverkäufer.

Je mehr Anzeigen er für sein Blatt bekommt, desto mehr wird er verdienen. Unnötig zu sagen, dass hier die Fähigkeit zum Networking von allergrößter Wichtigkeit sind. Du musst in der Lage sein, mit den jeweiligen Verkaufsmanagern von Banken und Finanzinstituten auf Augenhöhe zu verhandeln. Dass das nicht jedermanns Sache ist, dürfte klar sein. Natürlich sind eine ganzseitige Anzeige von 4.000 € (oder zwölf Monate lang eine Anzeige von 4.000 € mit ordentlichen Rabatten) für ein großes Geldhaus immer noch Peanuts. Für dich als Herausgeber eines Börsenmagazins kann es deinen finanziellen Durchbruch bedeuten, wenn es dir gelingt, einige von diesen Herren zu überzeugen, in deinem Blatt eine Anzeige zu schalten. Bekanntlich kennen sich die Herren untereinander bestens. Wenn du nachweisen kannst, das X bei dir Anzeigen schaltet, gibt es keinen Grund, weshalb nicht auch Y oder Z eine Anzeige schalten würde. Und genau darum geht es bei diesem Geschäft. Gerade am Anfang dürfte es schwer sein, diese Leute von der Bedeutung (und der Abonnentenzahl) deines Blatts zu überzeugen. Aber genau das Anzeigengeschäft ist der Maßstab für den Erfolg oder Misserfolg als Herausgebers einer Börsenzeitschrift.

Kapitel 10: Als Signalverkäufer schlafend reich werden

Eine weitere Gruppe am Börsenhorizont, die oft sehr gutes Geld verdient, sind die sogenannten *Signalverkäufer*. Das sind keine Vermögensverwaltungen, sondern Dienstleister, die an interessierte Anleger oder Trader Signale liefern. Mit Signalen sind Trading-Chancen an den Finanzmärkten gemeint, die der Abonnent selber durchführen kann. Du findest sie im Bereich Forex (Devisen), aber auch bei Aktien oder Indizes. Es gibt natürlich überall potenzielle Gewinnchancen.

Zumindest darauf hoffen die Kunden des Signaldienstes. Die Masche verkauft sich gut, denn Fakt ist: Mehr als 90 % der Trader sind auf längere Sicht nicht profitabel. Wer das einmal für sich festgestellt hat, kommt vielleicht auf die Idee, es mit einem „professionellen" Börsendienst zu versuchen. Schließlich werben Signaldienste genau mit ihren profitablen Ergebnissen. Das hört sich dann zum Beispiel so an: „2019 hat unser Dienst *sage und schreibe* 62 % Gewinn erzielt."

Wer möchte das nicht auch? Und schon ist das Interesse für den Signaldienst geweckt.

Obwohl wir es hier mit konkreten Trading-Empfehlungen zu tun haben, die vom Kunden auf eigene Rechnung nachgehandelt werden können, bedeutet das aber nicht, dass du als Signalgeber die Signale selber erzeugen musst. Das mag bei manchen Signaldiensten der Fall sein. Es gibt tatsächlich Trader, die auf eigene Rechnung handeln und ihre Trading-Ideen in Form von Signalen an ihre Kunden senden. Das kann über E-Mail oder via SMS erfolgen. Es kann aber auch sein, dass der Signaldienst einen Chatroom anbietet, in dem der Trader in Realtime seine Trades postet. In der Regel wird er einen Einstiegspreis nennen müssen (Long oder Short), ein Kursziel und einen Stopp.

In diesem Segment gibt es wie überall an der Börse unterschiedliche Angebote. Von ultraschnell (Scalpen und schnelles Daytrading) bis mittelfristig oder langfristig. Es ist sozusagen für jeden etwas dabei. Ich kenne nicht wenige Leute, die mehrere Signaldienste abonniert haben. Manche sind gut und andere sind der Rede nicht wert.

Wenn es auch Trader gibt, die tatsächlich selber die Signale liefern, gibt es nicht wenige Signalanbieter, die ihre Signale einfach von irgendwoher beziehen. Diese Dienste handeln nicht selbst. Es gibt irgendwo einen Trader, dessen Name natürlich nie veröffentlicht wird, der dies für die Firma erledigt. In der Regel wird er für seine Dienste über ein Honorar entschädigt. Das Gleiche gilt natürlich für die sogenannten automatisierten Handelssysteme, die Expert Advisors oder EAs. Auch sie können vom Herausgeber des Signaldienstes selber entwickelt worden sein, dies muss aber nicht notwendigerweise der Fall sein.

Mit anderen Worten: Es ist also durchaus möglich, einen Signaldienst zu starten, ohne auch nur irgendeine Ahnung von Börsenhandel oder Trading zu haben. All das lässt sich outsourcen: Vom Trader, der für dich handelt bis hin zur E-Mail-Verwaltung des Signaldienstes selbst. Für all diese Tätigkeiten findest du irgendwo auf der Welt Leute, die das für dich erledigen können. Und glaube mir, diese Art von outgesourctem Service ist häufiger vorzufinden als du vielleicht vermutest.

Noch bunter (und lukrativer) geht es bei den Anbietern zu, die ganze Reihen von Börsensignalen auf allen möglichen Segmenten der Börse anbietcn. Diese Leute ziehen die Sache sozusagen im großen Stil auf. Davon gibt es hierzulande auch einige. Von einem der Großen der Branche kann ich aus guter Quelle sagen, dass kein einziger von diesen sogenannten Tradern von seinem Trading lebt. Und kaum einer handelt die Signale auf einem Echtzeitkonto. Alle Signale sind virtuell und werden auf Demo-Konten durchgeführt. Sie werden aber von der Marketingabteilung des Hauses auf professionelle Art und Weise an Tausende von Abonnenten verkauft. Das eigentliche Geschäft findet auch hier wieder im Hintergrund statt.

Gerade im deutschsprachigen Bereich gibt es nun wahrlich keinen Mangel an Derivaten und Finanzinstrumenten, wie Optionsscheine, Zertifikate, CFDs oder was sich die hiesige Börsenindustrie sonst noch einfallen hat lassen. Mit all diesen Instrumenten kann man bestens *an* Tradern verdienen.

In der Regel tritt für jeden Börsendienst oder für jeden Signalgeber ein sogenannter Emittent als Sponsor auf. Emittenten sind Banken, die sich mit der Herausgabe von diesen „innovativen Instrumenten" eine goldene Nase verdienen. Das ist ein Milliardengeschäft. Der Signaldienst ist dann gleichsam der Vorwand, damit die Kunden mit diesen Papieren handeln (und zusätzlich auch noch die teuren Gebühren dafür zahlen). Die Signalanbieter und die Emittenten teilen sich untereinander die Einnahmen.

Damit der Signaldienst nicht allzu anonym daherkommt, lässt sich wohl immer ein erfolgloser Trader finden, der bereit ist, für ein paar tausend Euro im Monat das Gesicht dieses Dienstes zu sein. Er ist der freundliche oder sympathische Herr (oder Dame), der die Signale liefert und sich zu geregelten Zeiten an seine Kunden wendet. Er hält sie mit mehr oder weniger interessanten Analysen über den DAX, den Euro oder den Goldmarkt auf Trab. Gibt es denn etwas Spannenderes als zu erfahren, wo der DAX nach Einschätzung des „Börsenspezialisten" in einer Woche stehen könnte? Von dieser Art Neugierde der Kunden leben die Hintermänner der Signaldienste bestens. Sie haben für alles Leute, die die eigentliche Arbeit machen: Die sogenannten „professionellen" Trader, die die Signale liefern. Sie haben das Emittenten-Haus, dass im Hintergrund die ganze Sache sponsert (und kräftig daran mitverdient). Und Sie können Monat für Monat die Gelder der Abonnements einstreichen, die Kunden zu zahlen bereit sind, damit sie diese Papiersignale bekommen. Ich kann dir versichern, dass dies ein sehr profitables Business ist.

Nun muss ein solcher Signaldienst nicht unbedingt schlecht sein. Und es gibt durchaus Leute, die gute Ergebnisse liefern. Ob sie nun ihre eigenen Signale auf einem echten Konto handeln oder nicht, ist dabei eigentlich zweitrangig. Die Frage ist, ob du als Anleger oder Trader damit auch Geld verdienst. Und auch hier ist nur eines sicher: Der Signaldienst verdient auf jeden Fall Geld. Der Emittent von Zertifikaten und sonstigen Scheinen auch. Und du?

Weil ich ein neugieriger Mensch bin, habe ich auch mal einen dieser Signaldienste abonniert. Ich habe dann versucht, sie auf einem Echtzeitkonto nachzuhandeln. Abgesehen von der Tatsache, dass man das Signal in der Regel zu spät bekommt oder gerade nicht dann am PC ist, wenn man kaufen oder verkaufen sollte, bekommt man in der Regel auch einen viel schlechteren Preis als der Signaldienst selber. Das ist wohl eines der Haupthindernisse, um Signale profitabel nachhandeln zu können. Viel schwerwiegender ist die Tatsache, dass die allermeisten Abonnenten dieser Dienste nach einem halben Jahr oder nach einem Jahr einfach aufgeben. Genauso wie bei den Börsenbriefen ist die Aufgabequote sehr hoch. Der Kunde kommt also nie in den Genuss, den Vorteil dieser Signale, sollte es denn einen geben, für sich in Anspruch nehmen zu können. Er macht es meistens einfach nicht lange genug.

Mit anderen Worten: Diese Häuser sind nichts anderes als riesige Marketingmaschinen, deren einzige Aufgabe darin besteht, immer wieder neue Trader und Anleger für ihre Börsensignale zu gewinnen. Für dieses Ziel werden keine Mühen gescheut. Die Webseiten dieser Unternehmen müssen also regelmäßig mit neuen Nachrichten und Analysen über die Finanzmärkte gefüttert werden. Ziel ist es, dass die Aufmerksamkeit der Anleger für diese Webseite nie erlischt. Schließlich will man über die Lage am Markt doch zu jeder Zeit gut und schnell informiert sein. Und darin liegt die wahre Stärke dieser Häuser. Sie sind in der Lage, in Zusammenarbeit mit den Emittenten und der Brokerindustrie riesige Informations-Maschinen aufzubauen, die nie Urlaub machen. Damit dies gelingt, haben sie ganze Armeen an Börsenjournalisten und Hobbytradern, die für kleines Geld Content anliefern.

Ich wurde selbst mal von einem der Chefs eines solchen Dienstes mit der Bitte angerufen, ob ich nicht für diese Maschine arbeiten wollte. Es war ein freundlicher Herr, der mir erklärte, wie viel in jedem Segment seines Hauses zu verdienen sei. Sei es, dass man einfach Artikeln und Content anliefert (die niedrigste Verdienstkategorie), sei es, dass ich mit meiner Person für einen neu zu schaffenden Signaldienst das Gesicht sein würde (schon etwas höhere Verdienste). Oder sei es, dass man selber Signalanbieter wird. Ich habe mir die Sache natürlich angeschaut, aber es dann sein lassen. Man verstehe mich nicht falsch. Ich will diese Leute nicht schlecht reden. Fraglos wird man hin und wieder einen interessanten Artikel auf den Webseiten dieser Häuser finden. Und vielleicht gibt es sogar zufriedene Kunden, die hin und wieder mit dem einen oder anderen Signal dem Markt ein Schnippchen schlagen konnten. Aber sage nun selbst: Wer verdient hier das große Geld? Du als Kunde des Signaldienstes oder der Signaldienst selber?

Hat man nicht die Mittel, eine solche Marketingagentur aufzubauen, könnte man es durchaus mit einem „kleineren" Signaldienst versuchen. Wie wäre es zum Beispiel mit einem schicken Forex-Signaldienst?

Wie könnte man so etwas aufziehen? Eigentlich ist die Sache gar nicht so schwer. Du brauchst natürlich zunächst einen Signaldienst, der einen einigermaßen erfolgreichen

Track Record hat. Das ist ein Bericht, in dem eine Anzahl von Trades dokumentiert wurde, die zu einem Profit geführt haben. Wenn du selber kein erfolgreicher Trader bist, dann kaufst du einfach einen Signaldienst, zum Beispiel in den USA. Du bezahlst dem guten Mann von Übersee $ 1.000 im Monat für seine Dienste. Du brauchst einen Webserver, der vielleicht 500 € kostet und dann solltest du auch noch etwa 500 € für das Monitoring des Servers veranschlagen. Und dann startest du mit einem Marketing-Budget von 1.000 € im Monat.

Dieses Marketing-Budget ist natürlich notwendig, um die Kunden an Land zu ziehen. Du könntest Anzeigen schalten. Du könntest einen Blog betreiben, in dem du regelmäßig von deinen Erfolgen erzählst und Interessantes zum Thema Forex zu berichten weißt. Du könntest auch eine kleine Anzeige in einem der einschlägigen Börsenmagazine schalten. Es braucht noch nicht mal eine große Anzeige zu sein. Eine kleine Ecke für 500 € tut es genauso.

Nehmen wir an, eine solche Anzeige bringt dir jeden Monat fünf neue Kunden. Deine Gesamtkosten belaufen sich also für den Start deines Geschäfts auf etwa 3.000 €. Scheint dir das viel? Nein 3.000 € fixe Kosten für ein Geschäft ist wirklich bescheiden.

Wie sieht es nun auf der Einnahmenseite deines Geschäfts aus? Nehmen wir an, du verlangst eine Gebühr von 49 € pro Monat. Vielleicht findest du das etwas hoch für einen Signaldienst. Verkaufst du dich in diesem Bereich zu billig, könnte es sein, dass dich die Leute nicht ernst nehmen. Andererseits, wer glaubt denn, es mit einem „profitablen Signaldienst" zu tun zu haben, der 99 € im Jahr kostet?

Nehmen wir an, du kannst dank deiner Marketing-Bemühungen deinen Kundenstamm im Laufe der Zeit auf etwa 250 Leute im Schnitt halten. Das würde bedeuten, dass du monatlich 12.250 € einnehmen würdest. Immerhin käme dabei nach Abzug der Kosten ein Nettogewinn von 9.250 € zustande.

Dein Signaldienst läuft völlig automatisiert. Du kaufst die Signale ein. Du hast einen virtuellen Assistenten, der das E-Mail-Management übernimmt. Und das Schalten einer Anzeige ist keine allzu große Arbeit. Auf diese Weise hast du ein Geschäft aufgebaut, das dir nach Steuern durchaus 6.000 bis 7.000 € im Monat einbringt. Die Schlauen unter den Signalverkäufern gründen natürlich keine GmbH in

Deutschland. Sogar innerhalb der EU gibt es Länder, deren Körperschaftssteuer bei 10 % liegt.

Betrachtet man diese Zahlen, wird schnell deutlich, dass man auf diese Art und Weise ein lukratives Börsen-Business aufbauen kann, ohne auch nur einen Trade selber zu tätigen oder auch nur irgendeine Ahnung von der Börse zu haben. Und wenn dir der Coup schon einmal gelungen ist, hält dich keiner davon ab, es in einem anderen Börsensegment nochmals zu versuchen. So haben nicht wenige dieser Signalanbieter mehrere und manche sogar Dutzende von solchen Systemen im Netz laufen. Von außen hin würdest du gar nicht erkennen, dass es derselbe Anbieter ist. Denn jede Webseite ist natürlich auf das jeweilige Publikum zugeschnitten. Wie man sieht, braucht man also gar nicht eine so große und aufwändige Agentur aufzubauen. Dein Business kann einfach und mit recht wenig Aufwand betrieben werden, wie dieses Beispiel zeigt. Und profitabel ist es allemal.

Weitere Bücher von Heikin Ashi Trader

Swingtrading mit dem 4-Stunden-Chart
Die vollständige Serie

Dieses Buch enthält alle drei Bücher der Swingtrading-Methode des Heikin Ashi Traders. Sie ist ideal für Privatanleger, die nicht den ganzen Tag vor dem Bildschirm sitzen wollen.

Buch 1: Einführung in das Swingtrading

Inhalt:

1. Warum Swingtrading?
2. Warum Sie mit dem 4-Stunden-Chart traden sollten?
3. Welche Märkte sind für Swingtrading geeignet?
4. Mit welchen Instrumenten können Sie swingtraden?
5. Swingtrading-Setups
A. Unterstützung und Widerstand

Buch 2: Trade the Fake!

Inhalt

Buch 3: Wo setze ich meinen Stop?

Inhalt

Forex Trading
Die komplette Serie!

Devisenmärkte werden bekanntlich von Nachrichten bestimmt. Da Nachrichten aber eher selten auftreten, bewegen sich die meisten Devisenpaare zu 80 % der Zeit seitwärts. Anders gesagt: es ist sehr schwer, Devisen mit Trend-Strategien profitabel zu traden. Die Reihe "Forex Trading" beschäftigt sich daher mit Strategien, die speziell für Seitwärtsmärkten konzipiert sind.

Außerdem geht Heikin Ashi Trader ein auf die Frage weshalb Trader, die sich auf den Forex-Handel spezialisieren, dazu neigen, nur eine einzelne Strategie zu traden. Sie tun dies, weil sie glauben, dass diese eine Strategie anderen Handelsmethoden überlegen ist. Unglücklicherweise macht sie dieser Ansatz besonders anfällig für die Ups und Downs dieser einen Strategie.

Durch die Verteilung von Gewinn und Verlust auf mehrere Strategien erzeugt der Trader jedoch eine Indifferenz gegenüber den Verlustserien in jeder einzelnen Strategie. Betrachtet er sie mehr wie ein Investment in seinem

Portfolio, genauso wie eine Aktie oder ein Fonds, erhält er eine objektivere Sicht auf das Geschehen an den Märkten.

Über den Autor

Heikin Ashi Trader ist das Pseudonym eines Traders, der mehr als 19 Jahren Erfahrung in Daytrading mit Futures und Devisen hat. Er hat für einen Hedgefonds gehandelt und gehörte zu den Top5 Tradern des Social Trading-Plattforms "Ayondo". Er ist spezialisiert in Scalping und schnelles Daytrading. Er hat mehrere Bücher über Trading veröffentlicht, die sich gegenseitig erklären. Der Autor kann unter der Mail-Adresse pdevaere@yahoo.de erreicht werden.

www.ingramcontent.com/pod-product-compliance
Lightning Source LLC
Chambersburg PA
CBHW051221160726
47994CB00002B/694